国家治理体系与治理能力
现代化系列丛书·绩效篇

中国政府预算绩效管理制度优化研究

河北大学燕赵文化高等研究院
INSTITUTE FOR ADVANCED STUDY OF
YANZHAO CULTURE, HEBEI UNIVERSITY

王莉莉 著

本成果受河北大学研究生院、教务处和燕赵文化研究院学科建设经费资助

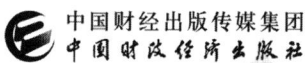

中国财经出版传媒集团
中国财政经济出版社

图书在版编目（CIP）数据

中国政府预算绩效管理制度优化研究／王莉莉著
. －－北京：中国财政经济出版社，2020.9
（国家治理体系与治理能力现代化系列丛书·绩效篇）
ISBN 978－7－5095－9947－1

Ⅰ.①中… Ⅱ.①王… Ⅲ.①国家预算－经济绩效－预算管理－研究－中国 Ⅳ.①F812.3

中国版本图书馆 CIP 数据核字（2020）第 141280 号

责任编辑：康　苗　　　　　责任校对：胡永立
封面设计：卜建辰

中国财政经济出版社 出版

URL：http：//www.cfeph.cn
E－mail：cfeph @ cfeph.cn

（版权所有　翻印必究）

社址：北京市海淀区阜成路甲 28 号　邮政编码：100142
营销中心电话：010－88191537
北京财经印刷厂印刷　各地新华书店经销
787×1092 毫米　16 开　10 印张　168 000 字
2020 年 9 月第 1 版　2020 年 9 月北京第 1 次印刷
定价：38.00 元
ISBN 978－7－5095－9947－1
（图书出现印装问题，本社负责调换）
本社质量投诉电话：010－88190744
打击盗版举报热线：010－88191661　QQ：2242791300

前　言

　　财政是国家治理的基础和重要支柱。财政资金作为社会的公共财力，在助力政府履行社会公共服务职能、实现社会公平正义、推动经济增长等方面发挥着显著作用。但是，由于政府及其所属的公共部门客观上存在着提供公共产品的垄断性，缺乏竞争机制，从而就使财政资金的支出难以摆脱低效率状态。如何保证政府提供公共产品的充分性又克服其供给的低效率状态，最大限度地实现低成本的公共福利效应目标，是经济学界、特别是财政学界长期以来研究的重点内容之一。欧美国家通过充分的制度供给，将私人部门的绩效管理理念和方法引入公共部门预算管理中，完善预算管理制度，提升财政运行效率，优化公共资源配置，对现代财政的发展产生了重要影响。中国政府自21世纪初引入绩效管理后，不断地将国际经验本土化，探索适合国情的预算绩效管理模式，进入了全面实施预算绩效管理阶段。在此背景下，深入探讨中国已有预算绩效管理制度执行中的经验和问题，优化未来全面实施预算绩效管理的制度，对于进一步完善预算绩效管理本土化的理论与方法，体现制度约束对现代财政规范运行的保障作用，具有重要的理论价值与现实意义。

　　本书以中国当前全面实施预算绩效管理为主线，将理论与实践相结合，运用比较研究、规范研究与实证研究的方法，对中国已实施的预算绩效管理政策进行定性和定量评价，结果发现已有政策的执行尚未全部达到预期效果。在评述了美国和英国政府绩效预算管理制度体系的历史演进后，其有益经验为中国实践带来了一定的启示。当前宜采用人大立法、政府执行和社会力量参与的政府主导的预算绩效管理模式，但要继续深入微观层面，切实优化未来正式制度及其实施机制，完善绩效管理各实施环节和保障措施。本书主要内容和结论有：

　　第一，以公共经济学和新制度经济学为理论依据，分析预算绩效管理制度化的经济价值，即优化制度供给可以提升公共经济绩效。具体表现为：为公共部门行为树立公共价值，反映公共经济行为的绩效结果，降低公共部门之间的交易费用和对公共部门资金运用进行再约束。

第二，采用量化分析方法，对已实施预算绩效管理政策的效果和执行情况进行评价，以结果为依据，总结存在的问题。在肯定中国政府预算绩效管理取得一定成果的基础上，采用断点回归方法，对省级政府层面实施预算绩效管理政策的效果进行实证检验。结果显示，财政部发布《关于推进预算绩效管理的指导意见》之后，未达到政策全部预期，即对地方财政预算申请有明显的约束作用，但对财政透明度和民生支出水平的提升尚未有显著影响。据此，又进一步采用文本分析法和问卷分析法，对地方政府出台的法规政策的文本属性和内容、执行情况以及影响执行因素等进行量化分析，以分析结果为依据，发现当前预算绩效管理工作中存在的问题，找出影响政策实施的关键问题。

第三，在梳理了国外研究文献的基础上，对美国联邦政府和英国中央政府的绩效预算制度体系的历史演进进行总结，尤其是英国预算流程体现立法机构和行政机构的权力统一，其经验对中国预算绩效管理更具有启示意义。继而从微观层面上探讨了在顶层制度约束、绩效指标协商、绩效信息使用和绩效问责应用等方面的有益经验。

第四，规范正式制度及其实施机制，提出各级政府应从宏观指导深入微观层面操作，自上而下地全面实施预算绩效管理。当前阶段，中国宜采用人大立法监督、政府贯彻执行和社会力量重点参与的政府主导的预算绩效管理模式，审计部门定位于对绩效报告再评价，减少职能的交叉重复。将绩效管理和预算管理深度融合，优化绩效管理各环节衔接；构建物元综合绩效评价模型，量化得出综合绩效水平等级，改进公共部门整体支出绩效评价方法；完善绩效管理各实施环节，提出加大绩效分析专业人才培养、建立智能绩效信息分析技术平台和开发绩效信息资源对接系统的保障措施。

本书的不足之处和未来研究方向如下：一是对地方政府执行中央预算绩效管理政策进行了初步评价分析。一方面，断点回归分析仅针对政策实施对预算申请、财政透明和民生保障的影响，未来可以继续验证政策对政治、经济等其他重要方面的影响。另一方面，由于数据的易得性和完整性，三个定量评价分析所选取的数据，主要限定在省级层面，未来研究可以拓展到更广泛的市、县和乡级政府数据，以更加全面深入地评价地方政府执行政策的效果，及时发现问题并进行完善。二是对公共部门预算绩效管理的正式制度和实施机制方面做了积极探索，但涉及的非正式制度研究较少。历届政府、领导对绩效管理的重视和牢固稳定的绩效文化，是预算绩效管理改革持久性的前提保障。绩效管理是建立在讲求绩效的行政文化基础上的，近年来，党和政府尤为重视绩效理念，"撸起袖子加油干""干在实处，走在前列""严于律己，廉洁奉公"等思想的提出，表明绩效导向的行政文化正在形成，未来可以在绩效文化方面进行深入研究。

总之，中国全面实施预算绩效管理的"战线"扩大，势必会带来一系列问题，各级政府部门和单位在具体执行政策时不可操之过急，对于未来可能出现的问题不能等到实际发生再打"补丁"，应及时防范，对已有预算绩效管理政策进行评价，针对发现的问题去优化未来制度，切实推进全面实施预算绩效管理战略。

由于作者水平有限，书中不足之处在所难免，恳请读者批评与指正。

作者

2020 年 7 月

目 录

第1章
绪 论 …………………………………………………………（ 1 ）
    1.1 研究背景与意义 ……………………………………（ 1 ）
    1.2 国内外研究综述 ……………………………………（ 5 ）

第2章
概念界定和理论基础 ………………………………………（ 15 ）
    2.1 基本概念的界定 ……………………………………（ 15 ）
    2.2 优化政府预算绩效管理的理论基础 ………………（ 18 ）
    2.3 政府预算绩效管理制度化的经济价值 ……………（ 24 ）
    2.4 本章小结 ……………………………………………（ 27 ）

第3章
中国政府预算绩效管理制度的演进与架构 ………………（ 29 ）
    3.1 中国政府预算绩效管理制度的演进 ………………（ 29 ）
    3.2 中国政府预算绩效管理制度的架构 ………………（ 32 ）
    3.3 中国政府预算绩效管理制度演进的特征 …………（ 34 ）
    3.4 本章小结 ……………………………………………（ 37 ）

第4章
中国政府实施预算绩效管理政策效果的实证检验——基于省级层面数据
………………………………………………………………（ 39 ）
    4.1 研究假设 ……………………………………………（ 39 ）
    4.2 研究设计 ……………………………………………（ 42 ）

4.3　实证结果分析 …………………………………………（47）
　　4.4　稳健性检验 ……………………………………………（50）
　　4.5　本章小结 ………………………………………………（54）

第5章
中国政府推进预算绩效管理的政策及其执行评价——基于地方政府视角
　　…………………………………………………………………（56）
　　5.1　地方政府推进预算绩效管理政策的文本分析 …………（56）
　　5.2　地方政府推进预算绩效管理实施的问卷分析 …………（73）
　　5.3　地方政府现行预算绩效管理中的主要问题 ……………（85）
　　5.4　本章小结 ………………………………………………（88）

第6章
美英政府绩效预算管理制度述评及启示 …………………（89）
　　6.1　美国联邦政府绩效预算管理制度 ………………………（89）
　　6.2　英国中央政府绩效预算管理制度 ………………………（98）
　　6.3　对中国全面实施预算绩效管理制度建设的启示 ………（103）
　　6.4　本章小结 ………………………………………………（106）

第7章
中国政府全面实施预算绩效管理制度的优化措施 ………（107）
　　7.1　全面加快预算绩效管理制度建设 ………………………（107）
　　7.2　全面推进绩效管理与预算管理的深度融合 ……………（117）
　　7.3　全面提升预算绩效管理的技术保障 ……………………（136）
　　7.4　本章小结 ………………………………………………（138）

附录1　筛选出的22个政策文本信息汇总表 …………………（140）
附录2　实施预算绩效管理的调查问卷 …………………………（142）
附录3　对第三方机构工作质量评价的问卷分析 ………………（146）
参考文献 …………………………………………………………（151）

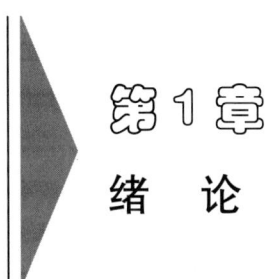

第1章 绪 论

1.1 研究背景与意义

1.1.1 研究背景

随着现代经济快速增长和政治的复杂化程度不断加深,市场和政府的关系更加紧密。社会公众对政府增加财政支出规模不断提出新的要求。2008—2017年,世界主要经济体的一般性政府支出环比增长速度如图 1-1 所示。

从图 1-1 可以看出,除了欧盟经济体的政府支出速度有 6 年的负增长外,美国、日本和中国的政府支出增长率均处于正增长,虽然增长速度放缓,但绝对值的增量不断扩大。面对世界经济和国内经济的缓慢增长和不确定性,公共经济的收支矛盾和风险还将进一步显现。此外,政府及其所属的公共部门客观上存在着提供公共产品的垄断性,缺乏竞争机制,从而就使财政资金的支出难以摆脱低效率状态。因此,政府支出的增长给公共部门履行管理职能带来了挑战,合理有效地使用政府财政资金已成为各国政府共同面临的问题。

为了解决政府财政支出低效率的难题,化解社会公众对政府的信任危机,西方国家政府寄希望于通过行政体制的改革来重新探索一种新型的公共部门治理模式,改善公共部门和私人部门的关系,重新唤起公众对政府的信任。早在

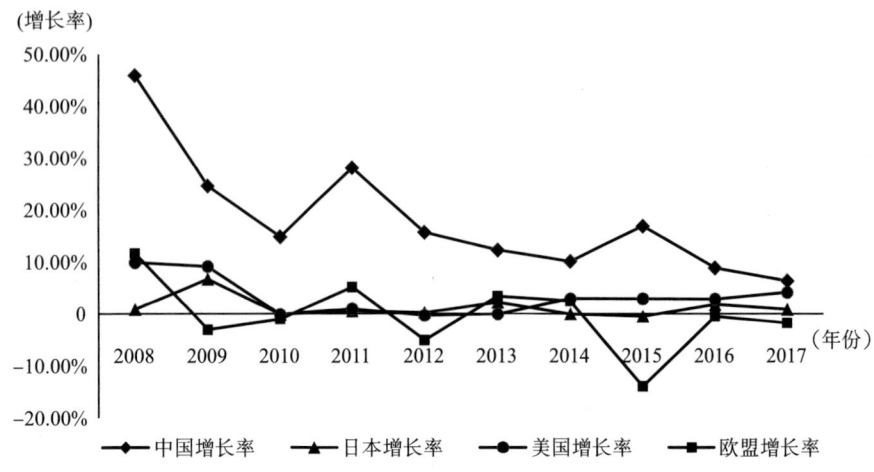

图1-1 世界主要经济体一般性政府支出环比增长速度对比图

数据来源：EPS数据平台。

20世纪80年代，以英国为代表的发达国家就已经掀起了一场以绩效为导向的公共部门改革运动，将私营部门的绩效管理模式、理念和技术方法等引入公共部门经济领域，推行绩效预算管理，对公共支出采用事前计划和事后评价、审计的方式，控制支出规模，优化支出结构，提高预算资金使用绩效，为公共决策服务。美国早在20世纪50年代就提出绩效预算，将私人部门的绩效管理经验引入公共部门管理，国会通过立法为联邦政府和州政府的绩效预算管理提供法律依据。美国和英国的立法机构和行政机构纷纷出台相关法律，为推进公共部门绩效预算改革进行制度供给，满足制度规范上的需求，使之有法可依。

中国的预算绩效管理工作，按照全国人大、党中央、国务院的统一部署和要求逐步探索且管理制度不断完善。尤其是2011年，财政部发布了《关于推进预算绩效管理的指导意见》（财预〔2011〕416号，以下简称"财政部416号文"）。2017年，党的十九大做出"全面实施绩效管理"的重要部署。2018年，中共中央、国务院提出以全方位、全过程、全覆盖为目标，建立预算绩效管理体系，全面实施预算绩效管理工作拉开帷幕。这些规范性文件成为中央指导全国各级政府开展预算绩效管理工作的政策依据。但是，在地方实践中，仍然存在着政策制度供给与需求的矛盾，需要中央在制度设计上进行优化，更好地指导地方实践。在2011年推进阶段至2018年全面实施阶段之间，地方政府所发布的相关具体文件政策是否与中央精神一致，地方政府是否按照政策要求有效地推行预算绩效管理，有哪些因素影响了政策实施，政策推行多年后对政府治理产生了哪些影响，是否符合政策发布的预期目的，对这些都需要进行深入分析、研究和验证。在此基础上发现问题，探索适合中国国情的预算绩效管理制度，将发达国家经验中国化，实现规范化和常态化运行，为全面实施预算绩效管理的道路扫清障碍。

1.1.2 研究意义

1. 提高公共资源配置效率

经济学的研究对象就是如何将有限的资源在社会中进行有效的分配，使其达到帕累托最优。效率属于资源配置问题，由公共部门通过政府预算安排所提供的公共产品和公共服务也属于稀缺资源，政府在分配时应按照效率和公平的原则对其进行合理配置。布坎南的政府理论认为，公共部门在提供公共物品时趋向于浪费和滥用资源，公共物品无法很好地满足个人的需要，致使公共支出规模过大和效率降低，预算总是出现偏差，所以，政府的活动并不像理论上说的能够做到那样"有效"，才出现了政府失败。因此，如何有效地使用预算支出资金，提高公共资源的配置效率，是各国政府普遍面临的问题。

对政府预算进行绩效管理就是为了解决政府行政高成本、资源配置低效率等问题。中国的公共支出存在浪费多、效率低下的现象，政府作为公共部门主体，理应承担对预算资金的绩效管理职责。随着中国经济实力增强，财政收入规模扩大，面对日益庞大的公共资金应如何科学地管理，使之取之于民、用之于民，有效地投入民生领域，避免浪费多，是每个政府都要面对的问题。各国政府实行预算绩效管理的目的，除了化解财政收支矛盾外，还有科学合理地配置预算资金，提高资金使用效益。尤其在当前连续减税降费、财政收入放缓、财政支出需求刚性不减的国情下，学习借鉴发达国家的成功经验，应尽快完善中国政府预算绩效管理水平，提升政府行政效率，优化公共资源配置。

2. 推动预算绩效管理制度供给规范化

公共产品作为一种稀缺资源，其合理配置需要一种有效率的制度安排。制度就是共同遵守的行为规范和准则。政府失败的外部原因之一就是缺乏一种约束政府行为方式的有效机制，故有必要为公共政策的制定和执行提出一系列所需的规则和程序，进行制度改革。新制度经济学将制度作为内生变量，从现实世界出发，用经济学方法，揭示制度的起源、功能以及其对经济绩效的影响，不但可用于分析私人市场经济，还延伸到公共经济领域，为研究公共政策提供新的视角。政府预算是经法定程序产生的政府年度收支计划，实际上是制度上的财政。① 对预算进行绩效管理是公共财政制度体系中较为重要的组成部分，属于新制度经济学研究的对象。以制度的起源、变迁和创新等理论为基础，探索适合中国国情的政府预算绩效管理制度，是当前全面实施绩效管理战略部署的重点，国内学者对绩效管理研究的重点已经从技术方法转移到了宏观的制度设计上来。

预算绩效管理规范化会提升政府治理水平。政府预算绩效管理对部门和单位预算支出起到约束作用，但同时也会带来公共组织责任缺失、部门之间协调性差导致的冲突等管理低效率问题，需要政府出台顶层制度规范分工和协作的关系。具体来说，中国存在多元治理主体，包括政府财政部门、预算部门、审计部门、第三方、人大和监察等，但是在具体地方实践中缺乏顶层统一规范，导致分工不明，权责不清，各级政府执行力度不均，阻碍绩效管理的实施。因此，政府统一管理，加强预算绩效管理制度的顶层设计，理顺各方权责，使具体操作更具规范化，才能加快推进全面绩效管理的进程。

3. 明确政府公共价值导向

政府预算制度是涉及政治、经济、社会等各领域的一个综合反映，政府预算不仅是政府资金的法定收支计划，还承担着政府实现公共价值的目标责任。齐守印（2017）认为民主制度天然倾向于尽可能增加分权因素，而把集权限制在最为必要的程度，这样才最有利于公共经济治理中的信息对称，从而提高公共经济效率。② 发达国家行政机关不断改革完善预算绩效管理，通过顶层立法推进预算绩效管理的实施，以此获得民众的支持和信任。理论上，财政绩效评价属于民主范畴的技术工具，因为评价的内在机理和运行逻辑与现代民主政治的发展一脉相承，政府绩效评价是民主文化的技术手段，体现着价值理性与工具理性的结合，评价主体决定评价的公信力。③

党的十九大明确提出，新时代下中国社会主要矛盾已经发生转移。人民对美好生活的需要不仅体现在物质和精神需求方面，还体现在充分享受政府提供的公共产品和服务均衡化方面。党和政府将带领人民创造美好生活作为奋斗目

---

① 王桂娟. 绩效预算的经济学分析：兼论财政职能与政府效率 [M]. 上海：立信会计出版社，2013：48.

② 齐守印. 论公共经济生产方式及其优化路径 [J]. 河北大学学报（哲学社会科学版），2017 (1)：114 - 120.

③ 郑方辉，喻峰，覃事灿. 政府整体绩效评价：理论假说及其实证检验 [J]. 公共管理学报，2011 (7)：14 - 23.

标，充分体现人民当家做主的社会主义制度优越性。预算绩效管理是提升公共服务水平、保障民生的重要举措，将执政为民的理念落实到地，是公共价值的最高体现。当前的预算绩效管理进入了全面实施阶段，预算绩效管理主体多元化参与已成态势，独立于政府内部组织的第三方和社会公众成为中坚力量，代表人民对公共财政资金使用进行监督，预算资金使用正在透明化、公开化，将公共财政"取之于民、用之于民"，充分体现了政府治理的公共价值导向。

1.2 国内外研究综述

1.2.1 国外研究综述

随着公共经济绩效在世界范围内的兴起，英国、美国等发达国家立法机关或行政机关推出相关绩效预算法案，使政府绩效预算及其工作在法律法规的框架下逐步运转起来。对绩效预算的研究内容主要体现在对绩效预算管理政策实施的效果检验，绩效测量理论和方法的改进，预算绩效与政府会计、政府审计的关系等方面。

1. 绩效预算管理政策实施的效果检验

美国和英国在绩效预算政策规范上取得了显著成就，学术界研究重点则放在了已有政策实施的效果检验上。Cavalluzzo 和 Ittner（2003）研究发现美国《政府绩效与结果法案》（Government Performance and Results Act，以下简称"GPRA"）的试点地区，实施的绩效评估已经很大程度上满足该法案的要求，内部绩效评估的努力和更好的绩效问责制能对绩效预算提供必要的信息和激励。[1] Schmidle（2012）证实 GPRA 实施后，政府的确形成了重视绩效计划、绩效测评、绩效报告的行政管理模式。[2] Gerrish（2016）对绩效管理体系对公共组织绩效的影响进行了 meta 分析，他发现绩效管理系统对这些组织的绩

---

[1] Cavalluzzo K. S., Ittner C. D. Implementing performance measurement innovations: evidence from government [J]. SSRN Electronic Journal, 2003, 29 (3): 243-267.

[2] Timothy P. Schmidle. Does the final score truly count? Performance report scorecards and the government performance and results act of 1993 [J]. Public Administration Review, 2012, 72 (6): 926-934.

有积极的影响。① 但是也有学者持反面意见，Pitsvada、Lostracco（2002）对 20 世纪 60 年代首次放弃绩效预算后，又重新审视绩效预算是否会对 21 世纪的美国预算做出重大贡献，认为尽管推动绩效预算有积极的一面，但管理和预算办公室不应建议全盘采用。② Breul（2007）发现执行 GPRA 的最初几年集中于制订一个执行机构战略计划、年度执行计划和年度执行情况报告的执行情况管理框架。但是，尚未系统地将执行情况纳入预算决策。③ Moynihan、Lavertu（2012）在检视 GPRA 实施情况时发现它在促进绩效信息使用方面起的作用不大。④ Carole、Colin（2007）考察了英国议会对公共服务协议的反应后发现，尽管议会本身试图将绩效审查制度化，但绩效报告对议会本身的挑战要大于对执法者的挑战。⑤ Ellwood（2014）认为英国的《地方审计与问责法》对公共服务自治、治理和问责制具有重大影响。⑥ Felicity（2016）通过比较在英国工党政府（1997—2010 年）和联合政府（2010—2015 年）执政期间流行的绩效管理方法，来证明两种表面上不同的方法之间存在的连续性。⑦ Hagemann（2011）通过对比英国建立财政委员会前后的财政绩效，发现建立评估政府的常设机构对政府遵守财政规则确实具有促进作用。⑧

国外学者在绩效立法要求和制度改进方面也提出建议。Lu 等（2011）研究了美国绩效预算法律与执行绩效预算制度质量之间的关系，结果表明，绩效预算体系运作良好的国家更有可能颁布法律，对开发、报告和使用绩效信息做

---

① Gerrish E. The impact of performance management on performance in public organizations: a meta-analysis [J]. Public Administration Review, 2016, 76 (1): 48 – 66.

② Bernard Pitsvada, F. Lostracco. Performance budgeting—the next budgetary answer. but what is the question? [J]. Journal of Public Budgeting, Accounting & Financial Management, 2002, 14 (1): 53 – 73.

③ Jonathan D. Breul. GPRA—a foundation for performance budgeting [J]. Public Performance & Management Review, 2007 (30): 3, 312 – 331.

④ Moynihan D. P., Lavertu S. Does involvement in performance management routines encourage performance information use? Evaluating GPRA and PART [J]. Public Administration Review, 2012, 72 (4): 592 – 602.

⑤ Carole Johnson, Colin Talbot. The UK Parliament and performance: challenging or challenged? [J]. International Review of Administrative Sciences, 2007, 73 (1): 113 – 131.

⑥ Ellwood S. Autonomy, governance, accountability and a new audit regime [J]. Public Money & Management, 2014, 3 (2): 139 – 141.

⑦ Felicity M. Matthews. Letting go and holding on: the politics of performance management in the United Kingdom [J]. Public Policy and Administration, 2016, 31 (4): 303 – 323.

⑧ Hagemann R. How can fiscal councils strengthen fiscal performance? [J]. OECD Journal Economic Studies, 2011 (1): 3.

出详细说明，从而最终在预算过程中更好地利用这些信息。① Akbar 等（2012）对印度尼西亚所有地方政府（457个）的高级财务官员进行调查，采用第二代结构方程建模技术（Smart PLS 2.0）对数据质量进行评估。在印度尼西亚地方政府环境中，有证据表明四个组织因素（度量困难、技术知识、管理承诺和立法要求）对绩效指标的开发有影响。在这四个因素中，立法要求的影响最大。② Roh（2018）总结韩国政府在2006年实施《政府绩效评估框架法》后，所建立的绩效管理体系中有一个显著特点是，负责绩效评估的政府机构的运作模式不同，机构之间普遍存在合作制度，但又发现过多的评估机构工作过于分散，可能会阻碍综合绩效管理，增加政府机构在准备绩效评估时的工作量。除不可避免的情况外，政府绩效评估应由一级主要评估机构进行，以提高效率和保持一致性。③

2. 绩效测量理论和方法的改进

未来绩效预算研究包括在整个预算周期内探索不同目的和绩效信息的使用。绩效测量是获取绩效信息的关键要素，通过有效的指标对抽象任务和一般目标达到的绩效进行评价，生成反映实际绩效的信息。Fryer 等（2009）指出了绩效测量的四个阶段：决定测量什么，决定如何测量绩效，使用或解释结果数据以及交流结果。决定测量什么的过程集中于所讨论的组织活动。考核对象确定后，应当建立绩效指标去考核单位。使用有效的、客观的绩效指标是绩效管理体系成功的保证。④

在测量方法上，Otley（1999）在具体环节上建立绩效管理控制系统框架，围绕实现目标、采用战略计划、设定目标、奖惩以及信息反馈循环等五个方面构建。⑤ Gauit（2011）介绍了墨西哥政府创建的内部控制组织绩效评价模型（MIDO），它包含两级26个绩效指标，每年对所有内部控制机构使用分级系

---

① Lu Y., Willoughby K., Arnett S.. Performance budgeting in the American States: what's law got to do with it? [J]. State & Local Government Review, 2011, 43 (2): 79 – 94.

② Rusdi Akbar, Robyn Pilcher, Brian Perrin. Performance measurement in Indonesia: the case of local government [J]. Pacific Accounting Review, 2012, 24 (3): 262 – 291.

③ Jongho Roh. Improving the government performance management system in South Korea: focusing on central government agencies [J]. Asian Education and Development Studies, 2018, 7 (3): 266 – 278.

④ Fryer K., Antony J., Ogden S. Performance management in the public sector [J]. International Journal of Public Sector Management, 2009, 22 (6): 478 – 498.

⑤ David Otley. Performance management: a framework for management control systems research [J]. Management Accounting Research, 1999 (10): 363 – 382.

统衡量每个指标的绩效水平。① Lee、Whitford（2012）通过以资源为基础的组织理论（RBV）将组织资源纳入公众对政府组织绩效研究，用评估各种资源对企业绩效影响的方法，去评估组织资源对联邦政府有效性的不同影响。② Northcott（2012）根据新西兰对地方组织的研究显示，公共部门使用平衡记分卡（BSC）频率低，应修改 BSC 维度，设计衡量重要定性分析的方法，增加有效使用。③ Chan（2004）对美国和加拿大市政府的调查结果表明，平衡记分卡只是被有限应用，但仍被坚信是一种有用的管理工具，希望通过非财务维度描述绩效目标的有效性。④

3. 预算绩效与政府会计、政府审计的关系

预算绩效信息离不开政府会计和政府审计的支持，政府会计权责发生制为政府绩效管理提供基础条件。Hoque、Moll（2001）对澳大利亚公共部门的调查表明，会计在促进问责制和提高公共部门服务效率等方面具有重要作用，提出根据权责发生制来编制预算，改进会计系统以提供绩效信息。⑤ Pollanen（2005）对加拿大直辖市的高层公务员调查发现，虽然组织和环境的不确定性在某种程度上阻碍了绩效测量，但会计和审计专业人员的参与会促进绩效评价和报告的进程，认识到多学科专业小组参与绩效测量的优势。⑥

绩效评价是预算绩效管理的关键环节，西方研究成果认为政府绩效评价与政府绩效审计是可替代的。该观点流行于英国、美国、澳大利亚等国的理论与实践。其逻辑模式为：和谐社会建设 > 政府绩效管理 > 政府绩效评价 = 政府绩效审计。针对审计和评价关系的研究，将政府绩效审计等同于政府绩效评价。从国际视角来看，最高审计机关国际组织（IN‐TOSAI）第十四届会议把项目

---

① David Arellano Gauit. The evaluation of performance in the Mexican federal government: a study of the monitoring agencies modernization process [J]. Public Administration Review, 2011 (72): 135 – 142.

② Lee S. Y., Whitford A. B. Assessing the effects of organizational resources on public agency performance: evidence from the US federal government [J]. Journal of Public Administration Research and Theory Advance Access, 2012 (11): 687 – 712.

③ Deryl Northcott. Using the balanced scorecard to manage performance in public sector organizations issues and challenges [J]. International Journal of Public Sector Management, 2012, 25 (3): 166 – 191.

④ Yee‐Ching Lilian Chan. Performance measurement and adoption of balanced scorecards [J]. International Journal of Public Sector Management, 2004, 17 (3): 204 – 221.

⑤ Hoque Z., Moll J. Public sector reform – implications for accounting, accountability and performance of state‐owned entities – an Australian perspective [J]. International Journal of Public Sector Management, 2001, 14 (4): 304 – 326.

⑥ Raili M. Pollanen. Performance measurement in municipalities: empirical evidence in Canadian context [J]. International Journal of Public Sector Management, 2005, 18 (1): 4 – 24.

评价纳入绩效审计范畴，认为项目评价也是绩效审计；承认项目评价是帮助审计机关完成绩效审计的一种有效方式。Gherghina（2011）认为，政府绩效评价的萌生本身就是为了与政府审计协同作战，二者都是以更好地履行政府对公共资金的受托责任为目标。① 审计人员和评价人员更多的是合作关系，而非竞争关系。这也是发达国家审计机构承担了大部分绩效评价工作的主要原因。

1.2.2 国内研究综述

中国政府自 2003 年引入绩效管理以来，在借鉴国际先进经验的基础上，学术界和实务界就在不断地探索一套适合国情的预算绩效管理制度和模式，主要体现在政府预算绩效的管理制度、管理模式、管理方法以及政府会计规范化等方面。

1. 预算绩效管理制度的需求

国内学者已经意识到政府预算绩效管理制度供给与制度需求的矛盾日益突出，就顶层制度设计的重要性和迫切性也逐渐达成共识。李银珠（2008）认为政府还应健全依法执政、规范与约束自身行为的机制，来提高公共支出效率。② 刘江宏（2008）认为政府绩效评价价值、评价基础和评价技术，最后都归根于制度安排。③ 陈新（2014）认为政府绩效评估要寻找制度安排上与西方国家的偏差，从技术层面解决政府公平和效率的问题④。王泽彩（2016）提出应完善预算绩效管理的顶层制度、具体制度和操作制度。⑤ 张明军（2017）认为政府的注意力应更多地集中于规则的制定。⑥ 马蔡琛（2017）提出中国的财政支出绩效评价需要及时转向顶层设计，探索构建具有中国特色的财政支出绩效评价的逻辑模型。⑦

国内学者在顶层制度设计和法制化建设方面提出了具体性意见。刘晔

---

① Gherghina S. Does government performance matter? Electoral support for incumbents in six postcommunist countries [J]. Contemporary Politics, 2011, 17 (3): 257-277.
② 李银珠. 公共支出行为的成本—效益分析——基于福利经济学的思考学 [J]. 江西社会科学, 2008 (11): 72-77.
③ 刘江宏. 地方政府政绩观扭曲的制度分析 [J]. 北京行政学院学报, 2008 (1): 22-25.
④ 陈新. 职能转变视角下的政府绩效评估研究 [D]. 天津: 南开大学, 2014: 120-135.
⑤ 王泽彩. 绩效: 政府预算的起点与终点 [M]. 上海: 立信会计出版社, 2016: 258-259.
⑥ 张明军. 制度绩效、主观设计与政治学话语体系的构建 [J]. 探索与争鸣, 2017 (12): 45-50.
⑦ 马蔡琛. 财政支出绩效评价方兴未艾 [J]. 中国财政, 2017 (17): 1.

(2017) 基于制度视角,认为顶层设计方向应体现以民为本的公共价值根本,通过规范财政分权去推进财政改革可持续化。① 齐守印、胡德仁(2018)认为当前公共经济绩效管理体系还未法制化,顶层设计尚未完成,提出实现公共经济绩效管理的法治化,加快研究拟定全国统一的公共经济绩效管理方案。② 尚虎平(2018)建议全国人民代表大会需要筹划出台相关的专门法律,或者由人大授权相关的评估部门来增加规制政府绩效评估的专有条款,实现政府绩效评估工作的有法可依。③

2. 预算绩效管理模式的选择

当前中国中央层面尚未对政府预算绩效管理具体的模式进行顶层立法,主要是地方政府为实践提供合法依据而出台的地方性行政法规文件,但各地出台的相关法规和制度的标准不一致,一定程度上降低了其权威性。因此,国内专家学者就当前中国的政治和经济环境,应当建立何种的预算绩效管理机制或体系进行了深入的分析。王会金(2014)④、颜海娜(2017)⑤ 等绩效管理的协同治理思想也广泛被认可,即"政府绩效只有通过'合作生产'过程才能得以形成"。自周志忍(2006)提出政府角色定位的问题之后⑥,在绩效管理主体的主导机制上,目前有两种主流观点:

一种是以政府为主导。包国宪等(2017)提出绩效领导这一结构性概念,认为绩效领导是由政府主导,在绩效生产过程中管理公共价值冲突、减少绩效损失的协同机制,其功能由协同领导系统承载。⑦ 曹堂哲(2017)则是建议借鉴美国联邦政府管理与预算办公室(OMB)模式,以预算绩效管理部门为主导,通过建立全面实施预算绩效管理机制,推动政府和国家各个层面全面实施

---

① 刘晔. 公共财政的制度结构分析 [J]. 公共财政研究, 2017 (5): 4-13.
② 齐守印, 胡德仁. 从实现国家治理现代化高度推进公共经济绩效管理 [J]. 当代经济管理, 2018 (9): 1-10.
③ 尚虎平. 激励与问责并重的政府考核之路——改革开放四十年来我国政府绩效评估的回顾与反思 [J]. 中国行政管理, 2018 (8): 85-92.
④ 王会金. 国外后新公共管理运动与我国政府绩效审计发展创新研究 [J]. 会计研究, 2014 (10): 81-88.
⑤ 颜海娜. 评价主体对财政支出绩效评价的影响——以广东省省级财政专项资金为例 [J]. 中国行政管理, 2017 (2): 118-124.
⑥ 周志忍. 新时期深化政府职能转变的几点思考 [J]. 中国行政管理, 2006 (10): 14-18.
⑦ 包国宪, 毛雪雯, 张弘. 政府绩效治理中的公民参与: 绩效领导途径的分析 [J]. 行政论坛, 2017 (6): 43-49.

绩效管理。① 伍彬（2017）介绍了杭州由政府为主，绩效评估专家、绩效信息员和第三方评估机构等多方力量协同参与，以社会评价、目标考核、领导评价和创新创优四个维度的"3+1"综合考评体系。② 覃易寒（2010）认为应赋予政府审计机关在政府绩效评价体系中的主导地位。③

另一种是由人大主导。杨肃昌（2014）提出了公共支出绩效审计制度的基本框架，从制度设计和运行机制上，提出了一个以人大为主导、审计机关为主体、财政部门和公共资金使用单位为基础、社会监督为补充的，内外结合、上下互动、多方协作的"大绩效审计"组织和工作体系。④ 高洪成等（2012）提出由人大作为政府综合绩效评价的主体，但需要通过相应的制度安排和机制设计加以保证其主体资格的落实。⑤ 郑方辉等（2017）总结"广东模式"实践经验，提出现实条件下，构建了由人大主导、政府部门协同、第三方实施的财政绩效评价新模式。⑥

3. 预算绩效标准方法的设计

绩效标准方法作为一种技术性分析，其科学性和合理性直接关系着绩效评价信息质量及其结果的应用。绩效指标是常用的标准方法之一，如何构建科学的指标体系成为研究的热点。在维度方面，王欢欢（2017）⑦、刘小梅（2017）⑧、王瑞华（2017）⑨等引入企业绩效管理的平衡记分卡，并在对其四个维度进行修正的基础上设计二级指标和三级指标，使之适用于政府预算绩效管理。在指标确定上，关键指标法被应用广泛。田五星、王海凤（2017）提

---

① 曹堂哲. 国家治理新形态：全面实施绩效管理［N］. 中国社会科学报，2017-11-28.
② 伍彬. 政府绩效管理：理论与实践的双重变奏［M］. 北京：北京大学出版社，2017：105-108.
③ 覃易寒. 我国政府绩效评估运行方式改进与政府绩效审计［J］. 审计研究，2010（4）：29-32.
④ 杨肃昌. 中国公共支出绩效审计发展现状与趋势分析［J］. 会计之友，2014（22）：84-88.
⑤ 高洪成，刘广明. 构建人大在政府绩效评价中的主体地位［J］. 河北学刊，2012（5）：175-179.
⑥ 郑方辉，廖逸儿，卢扬帆. 财政绩效评价：理念、体系与实践［J］. 中国社会科学（京），2017（4）：84-108.
⑦ 王欢欢. 平衡计分卡在专员办预算绩效管理中的应用研究［J］. 中国财政，2017（17）：36-38.
⑧ 刘小梅. 平衡计分卡在政府部门预算绩效管理中的应用［J］. 中国财政，2017（18）：54-56.
⑨ 王瑞华，靳来月. 基于平衡计分卡的地方政府财政支出绩效评价研究［J］. 财会通讯，2017（13）：53-55.

出将关键绩效指标与目标管理相结合,应用到公共部门绩效管理。① 周景坤(2016)通过制定关键绩效指标法的主要内容和实施步骤来评价高校教师工作绩效。② 也有针对特定评价对象自行设计维度和指标的,曲明(2016)从绩效审计评价对象即政府总体、公共部门和项目的三个层面设计具体指标。③ 实践应用上,华南理工大学绩效评价中心实施的第三方评价,采用层次分析法和关键指标法。

虽然指标设计方面研究不断深入,但是仍然存在具体操作不明确等问题。刘国永(2017)发现仍然存在缺乏统一规范合理的评价标准和科学的权重设置方法、评分的随意性大、评价结果不够客观等问题。④ 刘朋朋(2017)认为绝大多数的研究成果存在着理论性强而应用性不足的问题,因而提出绩效指标体系的设计要考虑理论的严谨性与实践的应用性的结合,在指标的构成成分、适用对象和注意事项等方面进行了详细的阐述,让使用者知晓其原理和使用方法。⑤ 马蔡琛(2017)认为指标忽视了按照评价对象资金规模的大小,区分不同资金量级的绩效评价方法,应从"统一评价"到"分类评价",适当区分中小型项目的简洁性绩效评价和大型项目的综合性绩效评价。⑥

4. 预算绩效测量与政府会计的联系

预算绩效管理最终输出绩效信息,并作为预算管理的依据。政府会计信息为公共支出绩效评价提供了可靠的成本信息,便于成本效益分析法的应用。政府会计以及政府综合财务报告的绩效导向逐渐达成共识。张琦(2006)认为政府会计作为一种货币化的经济系统,提供了定量的预算信息,为政府开展绩效评价提供了强有力的数据支持。⑦ 孙琳、方爱丽(2013)在会计的反映和监督职能基础上,扩展了政府会计的职能即对公共部门的绩效评价和对官员的激励约束,建议建立与绩效预算制度、政府会计制度和政府绩效评价体系的衔接

---

① 田五星,王海凤. 大数据时代的公共部门绩效管理模式创新——基于 KPI 与 OKR 比较的启示与借鉴[J]. 经济体制改革,2017(3):17-23.
② 周景坤. 关键绩效指标法在高校教师绩效评价中的运用[J]. 教育探索,2016(7):110-112.
③ 曲明. 我国政府绩效审计评价标准体系框架构建[J]. 财经问题研究,2016(5):89-94.
④ 刘国永. 财政绩效评价指标体系建设探索[J]. 中国财政,2017(17):19-21.
⑤ 刘朋朋. 中国地方政府综合绩效评估指标体系设计的比较研究[J]. 中共福建省委党校学报,2017(11):58-65.
⑥ 马蔡琛. 财政支出绩效评价方兴未艾[J]. 中国财政,2017(17):1.
⑦ 张琦. 论绩效评价导向政府会计体系的构建[J]. 会计研究,2006(4):3-8.

机制。① 陈志斌（2015）认为缺乏政府会计信息的支撑，会导致政府绩效评价的内容不完整、整体不客观和结果不真实，降低政府绩效评价的科学性和准确性。② 吴伟（2015）认为权责发生制政府会计实现预算与绩效的直接连接，保证了绩效信息与财务信息的完整性和可靠性，从而激励更好的管理绩效。③ 徐经长、何乐伟（2018）认为政府会计改革始终是以政府绩效评价为导向进行的，它为新时代全面实施绩效管理提供了更为科学的管理理念和重要的信息保证。④

1.2.3 国内外研究述评

由于国家政治、经济体制不同，财政发展水平和财政管理面临的问题不同，国内外政府预算绩效管理也存在较大的差异，主要表现在制度供给的充分性上。

国外研究是建立在已有的相对成熟的相关法律和独立机构设置基础上的。发达国家经验表明，立法推动了绩效预算执行。只有逐步建立完善的法律框架，依法开展绩效预算活动，按照条件成熟情况，各项有关工作、制度安排才能有序地进行下去。⑤ 例如，美国国会通过了《政府绩效与结果法案》，将政府绩效评估纳入法制化轨道。以法律法规为依据，对绩效预算实施及其效果等展开研究，大量探索信息在绩效评估中的作用，哪些信息有助于提升绩效，进而又从较高层次上反思绩效评估，开始搜寻、塑造那些本身就意味着绩效的信息，涉及绩效的本质。权责发生制为基础的政府会计改革和绩效审计，不断在支持着绩效预算管理改革。此外，国外的绩效测量方法灵活，其指标体系因国、因地不同，且无统一的模式和方法，适合就是最佳的。

中国的研究与国外相比，缺少充分的制度供给和可操作性政策，顶层制度设计明显落后，且较少涉及对现有已实施政策的效果进行检验。国家对预算绩效管理的法律法规设计不足，除了《中华人民共和国预算法》中提及"讲求

---

① 孙琳，方爱丽. 财政透明度、政府会计制度和政府绩效改善——基于48个国家的数据分析 [J]. 财贸经济，2013（6）：22-32.
② 陈志斌. 政府会计信息对政府绩效评价的影响机理研究 [J]. 商业会计，2015（2）：6-10.
③ 吴伟. 政府会计改革与绩效评价体系建设的关联分析 [J]. 当代会计，2015（10）：7-8.
④ 徐经长，何乐伟. 以政府会计改革助推全面绩效管理 [J]. 中国行政管理，2018（6）：157-158.
⑤ 于源. 先发国家政府绩效预算制度和模式研究与启示 [J]. 经济研究参考，2015（33）：50-55.

绩效"和《中华人民共和国审计法》中"效益"词语表述外,大都是以国务院、财政部等部门规章和地方性行政文件来具体指导绩效管理工作,主要有财政部416号文和2018年中共中央、国务院发布的《关于全面实施预算绩效管理的意见》等。这些文件充分体现了将绩效管理理念和方法融入现代预算管理,是对传统预算管理的一种创新,构成现代化财政管理的重要部分,符合中国建设高效、责任、透明政府的要求。中国面对当前经济下行压力的增加,在推行预算绩效管理的基础上,强化全面实施预算绩效管理,是提升财政管理科学化和规范化的正确选择,充分体现了制度自信和文化自信。而财政部416号文实施后,国内对政策实施的执行效果的实证研究分析比较少,对政策执行存在的问题缺少调查研究,主要集中在逻辑推理分析,以规范研究为主。到底何种绩效评估体制模式更具效果,目前国内外尚缺乏深刻的梳理。① 随着中国政府全面实施预算绩效管理,财政部将开展财政预算绩效评价操作规程等部门规章的起草,加快顶层立法计划。同时,相关配套制度和组织建设也在同步进行改革。因此,一方面,目前应该由地方实践转向中央层面,寻求新的立法突破,进行顶层级别的设计。另一方面,深入绩效环节和实施操作层面,建立符合国情的政府预算绩效管理机制。

---

① 尚虎平,雷于萱. 政府绩效评估:他国启示与引申 [J]. 改革,2015 (11):66-76.

第 2 章 概念界定和理论基础

2.1 基本概念的界定

2.1.1 绩效预算和预算绩效

预算是具有法律效力的政府财政收支计划，绩效是对工作行为和结果的考核和度量。由于绩效信息对预算决策的影响程度不同，出现了绩效预算和预算绩效这两个概念。

绩效预算是以绩效为核心的预算，其概念是由美国纽约城市研究局在 1907 年提出，后经胡佛政府正式引入应用。美国总统预算管理办公室认为，绩效预算是一种预算与绩效结合的新模式，首先要阐明预算拨款所要达到的目标，并为实现其目标而拟定计划，对所需要资金做出安排，在实施每项计划的整个过程中，采用相关的量化指标去衡量其取得的成绩和完成工作情况。经济合作与发展组织（2007）根据发达国家的绩效预算实践，将绩效预算分为三种类型：一是专业绩效预算，简单地将绩效信息列入预算报告文件中；二是间接绩效预算，在预算审议过程中使用绩效信息，但在决策中不赋予任何预先确定的权重；三是直接绩效预算，它根据绩效信息分配资源。美国国家预算委员协会（2014）界定绩效预算是在预算申请、批准、执行和审计评估等过程中，将相关计划、目标和绩效的信息纳入支出决策。Lu、Willoughby（2018）将绩效预算定义为：向决策中注入一组新的功能（例如：绩效驱动的战略规划、目标制定、目标设定、绩效跟踪、结果评估）；脱离预算投入的传统文化；将预算周期各阶段的绩效信息和活动融合在一起，就像 DNA（不是两条平行线）；各利益相关者之间的共同承诺和责任对成功至关重要。[①] 从理论上讲，绩效预算与传统预算管理的不同之处在于，在预算编制、批准和执行中以绩效信息为主要决策依据，以结果为导向，用绩效信息来分配预算资源，并通过问责强化绩效目标的落实。

预算绩效是将绩效融入预算，它是中国财政部结合当前的财政管理水平提出来的，具有中国特色。2011 年的财政部 416 号文指出"预算绩效是指预算资金所达到的产出和结果"。预算绩效是在现阶段财政管理方式下引入的一种新型预算机制，将绩效理念和方法逐步渗入预算管理的各个阶段，以取代传统的预算管理模式，待时机成熟时将政策予以制度化，成为一种利益相关方遵守的正式规则。预算绩效是通过对资金的绩效管理去衡量资金投入的产出结果，作为政府绩效的一种表现方式，本质上所反映的是各级政府各部门的工作绩效，绩效信息在预算资源分配中发挥的作用是弱有效或无效的。可见，预算绩效是绩效预算的低级阶段，绩效预算是预算绩效发展的目标。但从长远发展来看，实现绩效预算是中国预算绩效发展的方向。

无论是绩效预算，还是预算绩效，两者都是政府预算管理的一种方式，只是绩效信息对预算资源分配的影响程度不同。

2.1.2 预算绩效管理

绩效管理是管理者通过有效的绩效衡量标准和有用的绩效信息，在效率、有效性和问责性方面实现绩效目标的一系列活动，包含绩效目标、绩效监控（跟踪）、绩效评价及其结果应用等四个环节。预算绩效管理使政府预算建立在可衡量的绩效基础上，根据绩效目标制定预算分配方案，监测预算实施情况，评价预算施行结果，并将评价结果与绩效目标比较，关注支出成本和预期绩效成果的比较。财政部 416 号文中指出："预算绩效管理是一个由绩效目标管理、绩效运行跟踪监控管理、绩效评价实施管理、绩效评价结果反馈和应用

---

① Elaine Yi Lu, Katherine Willoughby. Public performance budgeting: principles and practice [M]. Routledge, 2018: 2-4, 9-10.

管理共同组成的综合系统。①"高志立（2015）对其理解为，预算绩效管理是在预算管理尚未完全法制化、规范化的背景下，引入预算管理理念和方法，通过逐步建立贯穿预算编制、执行、监督全过程的预算绩效管理机制，规范预算管理、提升财政资金使用绩效。② 可见，预算绩效管理是一种围绕预算展开的绩效管理模式，在预算编制、执行、监督的整个过程中植入绩效管理理念和方法，通过促使预算部门和资金使用单位在预算额度内更多更好地提供符合需求的公共产品和服务，以优化公共资源配置。中国政府考虑当前预算管理和绩效管理形势，两者的结合程度尚未达到绩效预算的要求，提出了不同于西方的预算绩效管理概念。预算绩效管理本质上仍然是预算管理，是对传统预算管理模式的一种创新，以绩效目标为起点的管理闭环，它比较符合当前中国公共部门经济绩效的现实情况。

预算绩效评价属于预算绩效管理的一个关键环节，起着承上启下的作用。它不但是衡量绩效目标实现程度、绩效跟踪结果的工具，还是绩效评价结果应用的依据。没有绩效评价的绩效管理，根本无法付诸实践。预算绩效评价关注的是绩效结果的测量，结果不仅仅指政府提供的公共产品和公共服务的数量，还有政府支出所要实现某种既定的目标，更强调用科学的绩效指标和绩效方法去测量预算绩效的产出，对绩效水平做出定量或定性的公正判断，使结果具有可比性。它不但应用于对政策和项目完成后，对预算资金使用情况的评价，也用于对公共部门整体支出的绩效评价。

2.1.3　全面预算绩效管理

全面预算绩效管理概念的提出充分体现了中国特色。继党的十九大提出"全面实施绩效管理"后，中共中央、国务院在 2018 年印发了《关于全面实施预算绩效管理的意见》（以下简称《意见》），将预算绩效管理的范围在全过程的基础上，又扩大到全方位、全覆盖，完整地用全方位、全过程和全覆盖来诠释"全面"的含义。《意见》中指出，全过程是各部门各单位做好事前绩效评估、绩效目标管理、绩效运行监控、绩效评价和结果运用等管理链条；全方位是将各级政府收支预算、部门和单位预算收支、政策和项目全部纳入绩效管

---

① 财政部预算司. 中国预算绩效管理探索与实践 [M]. 北京：经济科学出版社，2013：195 - 200.

② 高志立. 从"预算绩效"到"绩效预算"——河北省绩效预算改革的实践与思考 [J]. 财政研究，2015（8）：57 - 64.

理；全覆盖是建立一般公共预算绩效管理体系，除了一般公共预算，还将政府性基金预算、国有资本经营预算、社会保险基金预算全部纳入绩效管理。施青军（2018）总结了三个全面的关系，即全过程是基础与核心，它全面贯穿于全方位和全覆盖，并提出应制定制度和实施细则，完善预算绩效各环节的管理流程，建立全过程预算绩效管理体系。① 国内部分学者虽然也对"全面"展开了解释，但主要观点侧重解读在如何"实施"的问题上。因此，全面实施预算绩效管理战略的重点，不但是对"全面"的界定，更是对"实施"的探索。通过规范预算绩效管理，将其政策制度化、简单化和可操作化。全面实施绩效管理战略，是向绩效预算进一步靠拢的具体措施要求。

2.2 优化政府预算绩效管理的理论基础

公共经济学是在财政学的基础上形成的，研究税收、公共支出、公共规制等现实问题。随着英美等发达国家掀起的一场以绩效为核心，旨在提高公共部门运行效率、减少公共资金浪费、实现财政收支平衡的"政府改革运动"，使公共经济学的研究热点从税收转向了公共支出效率以及公共政策的设计与评价。

2.2.1 公共经济学的理论

1. 公共选择理论

对公共部门事务的集体选择被称为公共选择。公共选择理论将研究经济学的分析方法运用于政治领域，来研究政治决策。它通常是从个人视角去分析问题，认为公共部门的人和私人部门的人一样，都是"经济人"，并把政府活动也视为一种市场交易活动，选择对己最有利的公共支出方案，受到的制度约束却比私人部门少。因此，公众认识到政府也会失效，改变了对政府职能的认识。

公共选择理论认为，政党（或政治家）通过赢得选票最大化得到执行党

---

① 施青军. 从"三个全面"的关系探求全面实施预算绩效管理具体路径［J］. 中国行政管理，2018（11）：11.

及其职位,在任期内行使职能;官僚凭借自身才华技能受雇于政府,对上级负责,队伍也相对稳定。公共支出的一部分是由官僚人员过多和行政效率过低而造成的浪费和流失。官僚的目标并不是满足选民意愿,只是作为政策的执行者,为了"有效"地执行政策,在预算约束下追求本部门的预算规模最大化,谋取自身的福利。尼斯坎南的官僚模型就发现,官僚通过宣传自身的各种活动,来提高选民或对预算有决策权的政治家对公共产品的社会收益评价,获得更大规模的预算,这就是公共支出不断增长的原因。官僚模型使人们注意到了官僚机构潜在的资源配置无效或低效,要控制这种局面,必须有一套检查和协调机构,用制度给予官僚足够的自由和裁量权以追求自身利益目标,激励与问责并存。

2. 公共支出效益的评估方法

最优公共支出应当遵循一定的原则,例如帕累托最优原理、萨缪尔森规则、卡尔多—希克斯法则等,其中的成本效益分析原则最为广泛。公共支出是为了提供公共产品,而公共产品的产出结果及其效益是否达到了预期目标,需要被衡量。衡量公共支出效益需要采用一定的方法,美国最早使用成本效益分析方法(Cost Benefit Analysis,CBA)。这种方法借鉴了私人企业财务分析方法,用最小的成本获得最大的收益。随着政府投资项目的增多,政府重视项目带来的经济和社会效益,成本效益分析方法被用来决策具体的公共支出项目选择。该项公共支出项目的预期社会收益大于社会成本,或者收益与成本的比例大于1,便判断该项目是可行的。但是,衡量社会收益和社会成本的确存在困难,因为不仅要考虑直接成本和直接收益,还要考虑对社会的影响所带来的间接成本和间接收益。

一个较好的理论态度不是把规则变更的决策视为机械的计算过程,而是把制度选择视为对不确定收益和成本进行有依据的评估过程。[①] 公共支出是公共部门通过预算提供产品和服务所投入的成本,瓦格纳法则解释随着经济发展、人民收入的提高,对公共产品的需求就会增加,使得公共部门的相对规模也在增长。自从公共经济出现,就存在着公共经济效率问题,效率的高低就是要衡量公共经济的绩效,公共经济绩效是公共资源投入与产出结果之比,绩效值由

---

① 埃莉诺·奥斯特罗姆. 公共事务的治理之道 [M]. 余逊达,陈旭东译. 上海:上海三联书店,2000:240.

作为分子的资源投入和作为分母的产出结果共同决定①，这也是成本效益分析的原则表现。虽然在计量成本和效益上的确存在困难，但是这种追求效益高于成本、产出大于投入的思想是绩效管理公认的方法。

3. 公共规制理论

公共部门的经济活动除了收入和支出外，还表现在规制上。公共规制就是公共部门为了实现特定目标，利用法律、行政等手段对市场主体所采取的监督和行政管理。公共规制不仅体现在公共部门对私人部门的规制，还体现在公共部门自我规制，即上级对下级的规制，即代表公民利益的公共部门对公共资源的配置和公共收入的分配。政府也是市场主体的组成部分，作为公共部门的核心主体，其功能就是制定公共制度并实施，使公共支出行为在制度框架内受到约束，减少随意性带来的公共资源的浪费。

激励规制理论认为由于信息不对称导致规制方与被规制方的博弈，规制方对法律政策的设计要体现激励并约束被规制方。公共规制过程应该包括立法、执法和规制的放松或解除这三阶段。相关法律法规的出台是公共规制的第一步，立法机构、行政机构都会推动立法的进程，但不同的利益主体对立法目标都会有影响。执法是法律确定后进入的实施阶段，由进行规制的公共部门去负责执行实施法律。一般来说，立法机构制定的相关法律法规的内容不宜被过分地细化，应以原则指导为主，在执行阶段就给予公共部门一定的灵活度。

2.2.2 新制度经济学的理论

政府预算绩效管理工作是一项复杂的工程，需要高效率的制度进行约束，降低交易费用，才能发挥其应有的功能。制度要有效率，就应该简单、确切、抽象、开放和适度稳定②，这是制度化设计中应遵循的原则。

1. 制度变迁理论

（1）新制度经济学的起源和构成。

经济学界对制度的认识可以追溯到古典学派的亚当·斯密，他在所著的《道德情操论》中提出，在自由主义的市场经济中，不能只按照自己的欲望行动，否则会阻碍社会的发展。人类用智慧制定了普遍的规则，继而发展成法

---

① 齐守印，胡德仁. 从实现国家治理现代化高度推进公共经济绩效管理 [J]. 当代经济管理，2018 (9): 1-10.

② 柯武刚，史漫飞. 制度经济学：社会秩序与公共政策 [M]. 北京：商务印书馆，2000: 116.

律，使之成为人们共同遵守的义务，社会秩序因此得以维持。但当时经济自由主义盛行，制度没有成为研究的主流。第二次世界大战之后，凯恩斯主义盛行，政府干预市场的经济政治化挑战了传统经济秩序，其结果不但没有带来经济繁荣增长，反而助长了社会对政府规模膨胀的不满。经济学家们意识到制度对经济发展的重要作用，开始正式地研究人、制度、经济以及它们之间的关系，从新的视角解释制度的力量。传统经济学中的资金、劳动力、技术等要素是社会生产中的稀缺资源，新制度经济学将制度作为一种稀缺要素。无论是市场经济资源还是政府公共资源，都要讲求对其进行合理地优化配置，以应对资源的稀缺。当面临资源短缺时，人与人的竞争就不可避免甚至异常激烈，出现不正当竞争，此时，就需要制定相应的规则以进行约束或激励，使之正当竞争并合作获取资源，这就是制度的作用。因此，公共资源作为一种稀缺资源，其合理的配置需要一种有效率的制度安排。

对于制度的界定，诺斯（1990）将制度解释为是人为设计的、型塑人们互动关系的约束，或者是一个社会的博弈规则。柯武刚、史漫飞（2000）认为制度是各种带有惩罚措施、能对人们的行为产生规范影响的规则。总之，制度就是一种规则，它可以是生产关系自然演化而成的，也可以是人为设计出来的，用以协调、规范人与人之间的行为。从制度构成上看，制度是由正式制度（法律法规条文）、非正式制度（社会道德习俗）和实施机制这三方面内容构成的。从起源上看，社会意识形态和道德习俗等非正式制度在先，后在此基础上形成正式制度，制定法律法规，树立人的行为规则，共同遵守。随着这种规则的实施，逐步形成一种新的行为习惯和统一的思想认识，继而又产生一种新的非正式制度。无论是正式或非正式制度，都需要被执行，实施机制是不可缺失的一环，在违反规则的情况下可以实施制裁。

（2）制度变迁模型的选择。

新制度经济学关于制度变迁模型，主要从分类结果来进行比较选择，有代表性的有两种。第一种按制度变迁的主体分类，可以划分为诱致性制度变迁和强制性制度变迁。前者是由个人或群体在发现某些来自制度非均衡的获利机会时进行的自发性变迁，后者是由国家政府发布的法律法规引发的变迁。二者并不是对立的，而是互为补充的关系。强制性制度变迁实施主体是国家，强制认同并执行规则，当认同和执行成为一种意识习惯时，个人或群体就会自觉遵守而成为一种自发性的制度变迁。第二种按制度变迁速度分类，可以分为激进方式和渐进方式。激进方式以终极目标为参照，"一步跨河到位"，采取迅速而果断的行动安排预期制度。渐进式是"摸着石头过河",采取阶段性突破方式修正或调整,推动制度不断完善而向终极目标靠近。诺斯认为一般的制度变迁是渐进的,即"制度都是逐渐被修改的"。在日常生活中,多数相对重要的规则是通过按照一种渐进式反馈并进行及时调整的路径演化发展起来的。

正式制度大多由国家权威机构设计制定,通常依靠强制性手段自上而下得以执行,当执行成为一种习惯被足够多的人采用时,这种规则就会逐渐变成一种传统,成为一种行为方式或社会习俗,形成非正式制度,并被长期地保持下去。但选择不同的制度变迁和创新方式,是由一国的具体情况而定,要不断反思,结合国情,以强制性制度变迁带动诱致性制度变迁,采取渐进式改革,先在地方政府试点,总结经验和教训,后自下而上进行推广。

2. 国家理论

(1) 国家模型。

国家代表某一集团或阶级,其基本功能是提供法律和秩序,并保护产权以换取税收。在国家理论上,新制度经济学仍然运用经济理论,将国家看成是影响经济绩效和制度变迁的内生变量,研究国家的起源、作用和演变等问题。同时,新制度经济学还将国家视为一种组织和制度安排,与产权结合起来,并利用企业组织理论去分析国家问题,形成国家理论。科斯的产权理论成为推动新制度经济学蓬勃发展的原动力,产权明晰是组织绩效的决定因素,它可以减少交易的不确定性,进而促进资源的有效配置。诺斯又将国家理论与产权理论结合起来,认为国家决定产权结构,一国经济增长、衰退或停滞的产权结构的效率最终要由国家来负责。从现实来说,政府代表国家行使权力,在现代经济中所占比重以及由它实施无所不在的规制,是决定一国经济绩效的关键因素。

按照诺斯构建的国家模型,国家的基本目标有两个:第一,界定产权结构的竞争与合作的基本规则,使统治者的租金最大化;第二,降低交易费用,使社会产出最大、国家税收增加。统治者在这两个目标中寻求一个均衡点,这个均衡点不一定是租金和社会产出的相等,因为它不仅仅取决于政府的偏好,还有意识形态、经济水平、政治体制等因素。

(2) 诺斯悖论。

国家机制或政府机制能为公共资源配置提供有效的制度安排,但是,国家作为一种"经济人",其理性也是有限的。一方面,国家通过政府去维护统治阶级的利益并使之最大化,推动社会经济发展,谋求社会福利最大化;另一方面,政府作为国家代表,在制度安排中会发生寻租而侵蚀公共利益,使用公共资源产生低效或无效行为,反而会阻碍经济发展。诺斯对此就提出"国家的存在是经济增长的关键,然而,国家又是人为衰退的根源"的悖论,即国家订立的制度应用于社会中去,是一个不断"试错"的过程,政府作为国家代理人也可能会发生有意或无意的过失,可能会发挥制度应有的功能,也有可能事与愿违。解决诺斯悖论的关键在于国家能否通过制度供给提供有效率的产权激励。制度具有公共产品的性质,制度的供需及其变迁会受到多种因素的影响,也是一个不断完善的过程。

在诺斯看来,影响经济增长的因素除了生产要素和技术变化外,还在于不断变化的社会意识形态。任何制度创新都难以避免外部效应和"搭便车"的问题,政府应通过引导建立共同的意识形态去约束、减少外部效应,增加"搭便车"的附加成本。从更广泛的意义上说,解决"诺斯悖论"矛盾的关键则取决于国家在意识形态的基础上制度创新的情形。[①] 按照诺斯的理论,国家要建立并不断地引导社会意识形态。意识形态作为一种主观认知,属于非正式制度范畴,它在很大程度上影响着正式制度的运行及其成本以及人们的行为方式和经济绩效,但这种非正式制度由于地域传统和文化积淀却往往难以移植、推行或限制。因此,社会意识形态要与本国国情相适应。

3. 交易费用理论

在新古典经济学的完全竞争前提下,交易费用为零,通过"看不见的手"去实现资源配置的帕累托最优,制度、产权、法律等是可有可无的。而现实中,交易费用并不为零,新制度经济学将交易费用引入经济变量分析,通常从以下三个方面进行比较:第一,对某种制度设立与该制度缺位在成本效益方面进行比较;第二,把同一制度安排和制度结构的运行效益与运行成本加以比较;第三,对可供选择的多种制度的成本收益进行比较,选择净收益最大的一项制度。比较中的基本概念就是交易成本,即由科斯提出的交易费用,为了获取准确的市场信息而付出的费用,包括谈判和经常性契约的费用。科斯定理表明,在交易费用为正时,制度安排是影响资源配置的重要因素。

诺斯(1990)将交易成本的概念扩大到对政治市场的分析,即政治交易成本。政治市场承担着比普通市场更多的低效风险,它更难以对交换货物量化和对各自的交易合作伙伴的交付承诺具有约束力,还面临着监测和执行成本高

[①] 陈文申. 试论国家在制度创新过程中的基本功能——"诺斯悖论"的理论逻辑解析 [J]. 北京大学学报(哲学社会科学版), 2000 (1): 35-44.

的困境。因此，对政治制度的合理设计可以有效降低政治市场的交易成本，在对公共资源的竞争中，设计一套规则和激励机制引导正当的竞争，如果违反规则，可以实施相应的制裁问责。① 交易费用常常难以度量，但关注交易成本的目的是为了节约，而不是准确测度，若不需要准确测度交易成本就能达到促使人们节约的目的，就没有必要去测度。长期以来，新制度经济学的代表人物根本没有试图对交易成本进行（实证性）量化。②

2.3 政府预算绩效管理制度化的经济价值

从经济学角度看，任何一个部门或项目的运转都需要公共资金的投入，并力求产出大于投入，资源配置有效率。同时，区别于私人部门活动，公共支出活动向社会公众提供公共产品和服务，讲求效率的同时，还要满足为民服务的公共价值目标，兼顾社会公平和公正。政府预算绩效管理制度化的经济价值主要体现在以下四个方面。

2.3.1 为公共部门行为确立公共价值导向

政府预算绩效管理不仅仅是一种技术工具或方法，更是一种公共部门履行受托责任的价值理念。这种价值理念包含着民主、责任、绩效等，即公共价值的体现。预算绩效管理政策的设计与供给应当体现公共价值导向，最大满足公众福利的改进。民主符合公共经济最根本的内在逻辑是，民主制度对于保障和维护公共经济生产方式处于良好性状起着决定性作用。人民是公共事务的委托方，公共部门作为受托方应以满足人民公共需要、服从人民意愿为最高目标。它与社会资产评估最大的不同之处就在于首要维护的不是部分主体（如公司）利益，而是社会公众的利益，甚至有时会用来替代制度安排的比较绩效标准，除了预算资金使用绩效定量的数据分析外，还需要公众受益者的主观认知满意等定性分析。中国是社会主义国家，人民是国家的主人，中央和地方政府代表

---

① 道格拉斯·C. 诺思. 制度、制度变迁与经济绩效 [M]. 杭行译. 上海：格致出版社，上海三联书店，上海人民出版社，2008：37-49，65-72.

② 斯蒂芬·沃依格特. 制度经济学 [M]. 史世伟等译. 北京：中国社会科学出版社，2016：40-41.

人民行使权力进行公共治理。公共资金的使用关乎人民福祉，国家大力宣传一种绩效文化，使"讲求绩效"成为一种文化自觉，将绩效管理的合法性和合理性嵌入社会意识形态之中，成为一种自觉遵守的常态。这样以来，各级政府各部门在推行绩效管理过程中，相关利益方从思想上对公共价值的一致认同感和公共责任感达成共识，主动讲求绩效，才能提高管理效率和质量，降低交易成本。

社会意识形态要与本国国情相适应。政府、市场和民间组织是社会的主要组成部分，民间组织与政府的合作互动，一定程度上也可以破解"诺斯悖论"难题。政府作为公共利益的代表，拥有国家权力，利用强制手段实现社会公平，但是往往又忽视社会效率，甚至出现无效或低效行为。同时，政府内部单位、部门也是理性人，会追求自身利益最大化，出现道德风险。预算决策者难免根据自身对公众利益的理解来制定政策，而未必最大限度地符合社会公共利益。① 如何避开悖论，从逻辑上来讲，应引入外部监督力量——民间组织。民间组织作为"第三方"，代表社会利益，独立于政府之外，在政府与社会成员或公众之间搭起一座桥梁，发挥着沟通、联系和相互信任的作用。民间组织与政府的合作互动，通过培育和发展民间组织对国家权力进行评价和监督，使之成为克服政府有限理性和纠正政府失灵的有效率的制度安排。

2.3.2 反映公共经济行为的绩效结果

公共经济行为的绩效结果是公共投入和公共产出的比较，只有产出大于投入，才能说明公共经济行为是有效的。中国对公共支出的计量和反映体现在政府会计、政府审计和政府预算绩效评价这三个部分。政府会计是计量、记录公共资金的使用情况，是对公共支出投入的测量。政府审计是验证政府会计所记录的公共支出投入是否真实、合法和有效益。政府预算绩效评价是在政府会计及其审计的基础上对公共资金支出的效果进行评价，是对公共支出产出的测量。目前，政府会计制度、准则和权责发生制的政府综合财务报告正在进行改革和统一，政府审计由《中华人民共和国审计法》统领，相关的审计准则和条例等规范性文件正在完善，力求保证公共支出的真实和效益。只有将分散在各部门、各地方的法规文件等预算绩效管理制度统一规范化，明确绩效标准和

---

① 马蔡琛. 变革世界中的政府预算管理——一种利益相关方视角的考察［M］. 北京：中国社会科学出版社，2010：55.

方法，才能保证公共支出绩效的准确测量。

预算过程将预算支出分配到公共部门的各项活动中，并对预算产出（实际活动结果）进行测量，测量结果的可靠性关乎预算绩效管理的成败，需要测量程序和方法更加规范和可操作。绩效结果的测量并不是仅有合理的绩效指标和方法就可以解决的，而是涉及各个环节。以绩效结果的可靠性为目标，通过政府部门职责的明确分工和合作，对绩效各个环节进行规范，才能保证绩效数据有效地反映和测量公共支出的产出结果，与公共投入数据相匹配，反映公共经济行为的绩效结果。

2.3.3 降低公共部门之间的交易费用

政府实施预算绩效管理的根本出发点是有效使用并节约有限的公共资金。随着中国经济总量和实力的提升，财政收入及其支出规模日渐增大，让每一笔财政资金发挥最大的效益，是政府高效管理的重要表现。诺斯认为，政府主导的制度创新经常是成本交易最低的创新形式，政府的强制力产生的制度安排是任何自愿谈判都不能实现的，它会产生极高的经济和社会收益。若全国人大和中央政府进行合理的制度设计安排，明确绩效管理的主体及其实施机制，政府各部门、预算单位等在具体执行中合作分工，就可以大大减少交易成本。同时，正式制度强制实施后，非正式制度会自然形成一种自觉，成为社会公众共同遵守的准则，各级政府部门和单位在安排使用公共资金时，必然会自觉考虑经济效益和社会效益，节约资金，避免浪费。任何组织都企图减少实施成本和摩擦成本，一方面，谋取经济、政治和社会的最大收益；另一方面，界定各自权责，有效约束主体行为，缓解社会利益冲突。

建立政府预算绩效管理制度成本收益分析，主要在于制度设立与缺位的比较。当前各个地方政府或人大的地方性法规文件，大多集中在具体的制度安排上，例如绩效某一环节、绩效指标库、引导社会力量参与管理等规范。而中央层面的法律法规对参与各方的权责划定还尚有缺位。因此，亟待从国家层面上弥补上位法的缺失所带来的交易成本过高，在地方实践中表现尤为突出，例如绩效评价和绩效审计的职能划分不清晰，评审中多部门职能交叉、信息不共享，执行中多方博弈，问责和激励制度设计不合理等问题。政府预算绩效管理的目标是使公共资金产生最大的经济效益和社会效益。合理的制度安排、节约资金就意味着收益的增加，高效的合作会降低交易成本。由国家层面出台预算绩效管理制度，所将带来的综合收益必然会大于交易成本。

2.3.4 对公共部门预算资金运用进行再约束

新制度经济学用经济学方法和理论去分析制度和真实的世界，寻求解决方法，更贴近于现实社会。实践中发生的案例是真实世界的反映。借助关于制度的理论知识和现有成果，案例研究方法常常是推动我们积累关于制度变革理论知识的唯一方法。① 中国正处于市场经济完善和国家法治化进程阶段，出台的法律法规不仅要体现公平，还要提升效率，使立法目标的初衷能得以实现。从现实世界出发，结合案例，调查研究规则如何去激励和约束人的行为，长期以来，其对中国经济改革提供了理论的依据。预算绩效管理制度化可以为开展预算绩效管理工作提供合法有效的依据，约束预算资金合理使用。

中国的中央政府和地方政府已经实施并开展政府预算绩效管理，尤其是地方政府，在中央政府及相关部门文件的指导下出台了大量法规和行政性文件等政策，规范本地预算绩效管理工作，经历了从理论到实践。地方政府和部分政府部门经过十几年的实践，应根据积累的经验，系统研究预算绩效管理制度，从实践再回归到理论进行思考，以基层政府实施政策的真实效果和客观分析数据为出发点，站在国家层面，深入总结制度安排需要改进或创新之处，继而推动实施全面绩效管理。不同的组织主体作为"经济人"都应理性地行使自己的职能，对工作绩效负责。在相互的配合中竞争、合作、博弈，存在监督实施的交易成本的同时，又要节约财政资金以避免浪费，使资金使用得到最大的收益。用新制度经济学的理论去分析公共部门行为中存在的约束问题，有利于更深入地理解制度设计和安排。

2.4 本章小结

公共收支行为始终是政府行为的主体，政府预算承载着大部分的公共支出。政府预算管理制度也是新制度经济学的重要研究领域，关乎国家治理。公共支出活动是公共经济活动的主要组成部分，来源于公共收入，以提供预算经

---

① 道格拉斯·C.诺思，张五常. 制度变革的经验研究 [M]. 罗仲伟译. 北京：经济科学出版社，2003：35.

费的方式支持公共部门的所有活动,并通过法律法规等公共规制对预算使用者等相关主体进行约束,使预算使用合法且有效。新制度经济学在批判并继承发展古典经济学的基础上,将制度作为研究经济学的内生变量,分析制度如何影响资源配置效率和促进经济增长,更贴近于现实世界,因而它更注重经验和案例研究,探究制度变迁和创新的路径。为了克服"诺斯悖论",国家要不断引导社会意识形态,政府还要引入第三方等民间力量参与社会治理,并完善其监督机制。效率不是评价资源配置的唯一标准,公平对于社会福利水平来说同样重要。公共经济学一贯倡导的兼顾公平和效率,可以为政府预算绩效管理提供理论支撑。政府预算绩效管理改革针对政府失灵的问题,通过制度的约束和激励公共部门协同合作,统一公共行为的价值取向,避免过度分权而损害公共资源配置效率。因此,公共经济绩效与绩效管理制度化结合起来,可以作为中国预算绩效管理实践的理论基础。

第 3 章 中国政府预算绩效管理制度的演进与架构

3.1 中国政府预算绩效管理制度的演进

发达国家陆续开展公共经济绩效运动，保障公共支出活动的效率与公平。自 21 世纪初，中国政府也开始探索适合国情的政府预算绩效管理模式，通过地方政府试点实践来积累经验，经历了初步探索阶段、重点推进阶段和全面实施阶段。

3.1.1 初步探索阶段（2001—2010 年）

随着中国财政收支规模的增长，政府日益注重预算支出的效率问题，并将发达国家公共部门绩效管理经验逐步引入国内。自 2000 年，地方政府开始试点预算绩效评价，以期改进政府管理。随后，中共十六届三中全会提出"建立预算绩效评价体系"，在中共十七届二中、五中全会上又分别提出"推行政府绩效管理和行政问责制度"和"完善政府绩效评估制度"。这个阶段，从中央政府部门层面正式引入政府绩效评价，建立相应体系，由财政部部署开展具体工作，并经历由浅入深的过程。2005 年，财政部颁布了《中央部门预算支出绩效考评管理办法（试行）》，率先在中央部门进行试点，后于 2007 年全面推行。2009 年，财政部印发了《财政支出绩效评价管理暂行办法》，用于指导地方政府绩效评价工作。同时，借鉴发达国家经验，引入政府绩效审计，审计部门也依法尝试开展绩效审计工作，使之成为政府绩效管理的重要工具和手段。2006年修订的《中华人民共和国审计法》第二条和2010年修订的《中华人民共和国审计法实施条例》第二条，都提到审计监督的内容包括财务收支真实、合法和效益的规定，这里的效益审计指的就是绩效审计。政府审计内容不仅包括真实合法性的传统财务审计，还包括注重效益的绩效审计。

自2004年开始，地方政府积极响应中央部署进行绩效评价和绩效审计的试点工作，例如，甘肃省、广东省探索引入第三方进行绩效评价，逐步形成地方特色绩效管理模式。

3.1.2 重点推进阶段（2011—2016年）

2011年财政部出台了《财政支出绩效评价管理暂行办法》，合并了之前的指导性文件，统一明确绩效评价的对象、内容、目标、指标、评价标准和方法、组织管理、工作程序、绩效评价报告、绩效评价结果及其应用等，并提出根据需要，专家、中介机构等第三方可以承担政府绩效评价工作，将绩效评价的内涵进行扩展，形成全过程的绩效评价。同年，财政部首次召开了全国预算绩效管理工作会议，并下发了《关于推进预算绩效管理的指导意见》（财预〔2011〕416号），提出"将绩效理念融入预算管理全过程……逐步建立预算编制有目标、预算执行有监控、预算完成有评价、评价结果有反馈、反馈结果有应用的预算绩效管理机制"，这是一种新的预算绩效管理机制，这份文件也成为推进预算绩效管理的重要指导纲领。2012年，党的十八大报告提出"推进政府绩效管理"，在财政部《预算绩效管理工作规划（2012—2015）》中，确定"建立一个机制""完善两个体系""健全三个智库"和"实施四个工程"的重点任务。中央政府继续将绩效评价工作深入重大民生政策和项目中去，例如扶贫领域的《财政扶贫资金绩效考评试行办法》等。

国家审计署在2012年的《审计署"十二五"审计工作发展规划》中明确提出要全面推进绩效审计，将工作重心不断向绩效审计和项目评估倾斜，加快制定绩效审计准则、完善绩效审计方法，不断提出积极而有建设性的改进意见和措施，服务政府治理。2014年年底，国务院批转财政部《权责发生制政府综合财务报告制度改革方案》，正式推进政府会计改革。2015年，随着新预算法对"绩效"的关注，以法律形式明确一般公共预算收支中的绩效管理，将绩效评价纳入法治化轨道，要求各级政府对预算支出开展绩效评价，预算绩效首次被赋予了最高的法律地位。2016年，财政部向全国人大常委会首次提供了一册名为《2015年部分重点项目绩效评价报告》的材料，中央五个部门委托第三方对其部门的重点项目进行绩效评价。

地方实践继续推进，例如，广东省财政厅配合省人大开展预算绩效管理的工作。2014年，广东省率先尝试由省级人大作为评价主体，委托第三方对重要财政专项资金实施绩效评价。尤其是广东省还出现了国内首家独立于政府体制外的第三方评价，被称为"广东试验"。① 河北省财政厅借鉴国外经验，建立特色的绩效预算管理制度体系，规范推进省内各级政府部门和单位的绩效预算管理工作。

3.1.3 全面实施阶段（2017年至今）

2017年，全国人民代表大会财政经济委员会提出建议"完善绩效评价机制"。同年，党的十九大报告提出"建立全面规范透明、标准科学、约束有力的预算制度，全面实施绩效管理"。2018年，十三届全国人大常委会审议了2017年中央决算报告，该报告首次将绩效评价写进了"国家账本"，开始施行"全面实施绩效管理"的要求。同年，中共中央、国务院发布了《关于全面实施预算绩效管理的意见》，进行了顶层设计和部署。在其指导思想中指出，力争用3—5年时间基本建成全方位、全过程、全覆盖的预算绩效管理体系，对"全面"做出更为详尽的解释。由此，国家预算绩效改革进入全面实施绩效管理阶段。同时，财政部立法工作安排也将开展财政预算评审操作规程等部门规章的起草工作作为任务之一，预算评审已经全面地进入具体环节规范化阶段。2018年政府机构改革，将财政部原有的中央预算执行情况和其他财政收支情况的监督检查的职能划入审计署，使财政部有更多的精力投入绩效预算编制和财政政策规划等工作中去。2018年财政部修订印发《政府综合财务报告编制操作指南（试行）》，表明这项工作也进入了全面实施阶段。2019年1月1日起，行政事业单位开始全面执行政府会计准则和制度。

财政部为了规范政府购买第三方绩效评价服务行为，发布了《关于推进政府购买服务第三方绩效评价工作的指导意见》，提出完善购买服务绩效指标体系，探索创新评价形式、方法和路径，稳步推广第三方绩效评价。2019年国务院政府工作报告中指出"预算绩效管理改革全面启动"，随后地方政府紧跟其后，并开始陆续发布实施全面预算绩效管理政策文件。

---

① 郑方辉，张兴. 中国政府绩效评价红皮书（2013）[M]. 北京：新华出版社，2014：127-129.

3.2 中国政府预算绩效管理制度的架构

3.2.1 中央层面预算绩效管理制度

落实全面实施预算绩效管理，是一项长期而又复杂的工程，需要中央到地方各级人大和政府等多部门配合。中国政府重视制度设计，在中央层面出台了相关法律法规文件以对预算绩效管理进行规范，主要法规文件详见表3-1。

全国人大及其常委会制定的法律效力最高，虽然中国没有专门的绩效法律，但是预算绩效管理的内容在2015年的《中华人民共和国预算法》（以下简称《预算法》）和2006年的《中华人民共和国审计法》（以下简称《审计法》）中有所涉及，是目前涉及政府预算绩效管理的最高法律。《预算法》要求公共财政预算绩效管理要贯穿预算活动整个过程，即"讲求绩效"，且条文中提及"绩效"一词的频率达六次，对预算绩效的重视提到了前所未有的高度。《审计法》中指出，除了对政府财务收支的真实、合法进行审计，还要进行效益审计，即绩效审计，扩大了传统审计的范围和内容。

表3-1　　　　中央预算绩效管理相关法律法规文件

法规层次	颁布单位	法规内容
法律	全国人大常委会	《中华人民共和国预算法》 《中华人民共和国审计法》
行政法规	国务院	《中华人民共和国预算法实施条例（征求意见稿）》 《中华人民共和国审计法实施条例》 《中共中央国务院关于全面实施预算绩效管理的意见》
规章	财政部	《财政支出绩效评价管理暂行办法》（财预〔2011〕285号） 《关于推进预算绩效管理的指导意见》（财预〔2011〕416号） 《预算绩效管理工作规划（2012—2015）》（财预〔2012〕396号） 《预算绩效评价共性指标体系框架》（财预〔2013〕53号） 《中央部门预算绩效目标管理办法》（财预〔2015〕88号） 《财政管理绩效考核与激励暂行办法》（财预〔2016〕177号） 《关于贯彻落实〈中共中央国务院关于全面实施算绩效管理的意见〉的通知》（财预〔2018〕167号）

国务院作为最高行政机构，负责实施预算绩效管理。2018年发布的《关于全面实施预算绩效管理的意见》，对全面实施工作做出重要部署和指示。财政部作为牵头组织部门，统一领导全国的预算绩效管理，转发国务院文件，印发部门规范性文件，指导实践工作，各级财政部门制定本级的工作规划和规章制度，财政部门及预算单位负责具体执行预算绩效管理。在国家财政部官方网站的财政法规数据库中，以"预算绩效"为关键词，进行全文检索，自2011年4月以来共检索出54条，以"预算绩效"为标题的财政部规范性文件为6条。其中，最有指导意义的是财政部印发的2011年416号文和2018年167号文。这两个文件充分借鉴了发达国家绩效预算的经验，深入结合中国国情，明确政府预算绩效管理的内容及发展方向，实现了从"推进"预算绩效管理到"全面实施"预算绩效管理的跨越。

3.2.2 地方层面预算绩效管理制度

地方层面，与中央制度保持高度一致。由于地方政府绩效评价实践试点先行，领先于中央政府部门和单位，因此，地方政府的制度规范建设也明显优于中央层面。在财政部指导和本地实践经验总结的基础上，各省市级财政部门陆续出台了预算绩效管理办法，细化工作规范，一些地方政府或部门出台了相关的地方性法规、规章和规范性文件等制度。在规范内容上，比中央层面更加具体，更具指导意义，凸显地方预算绩效管理的特色。例如《河北省关于深化绩效预算管理改革的意见》《吉林省政府工作部门绩效评估实施办法》《杭州市绩效管理条例》《青岛市预算绩效管理条例》等地方性法规文件，体现了地方政府在制度建设上的积极探索。

地方政府预算绩效管理制度呈现以下几个特点：第一，财政部门结合地方实际，对中央政策有所扩充，而非直接照搬。发布的文件以绩效管理环节的细化为主，例如绩效目标管理、绩效跟踪、绩效评价及其结果应用和绩效指标库的运用等，更讲求基层部门和单位的可操作性。第二，财政部门所发布的文件，指导预算绩效管理工作的同时，执行侧重点主要放在重大政策和项目的绩效评价，而对部门和单位的整体支出绩效评价较少。第三，财政部门出台文件，规范政府采购服务行为，积极引导社会力量参与地方政府绩效管理，涌现了科研院所、高等院校、事务所等第三方机构，体现了多元化主体参与政府治理。

3.3 中国政府预算绩效管理制度演进的特征

3.3.1 绩效理念和方法逐步树立

绩效文化的形成是一个成功的现代政府必不可少的因素。[①] 绩效文化作为一种非正式制度，与正式制度和实施机制共同构成绩效管理制度。中国政府预算绩效起步晚于发达国家，随着公共经济绩效的影响日益扩大，政府意识到了预算绩效管理对优化预算管理和提高公共资金使用效益的作用，"花钱必问效，无效必问责"的理念正在深入人心。

绩效管理不仅是一种技术工具，更是一种价值理念，绩效文化与行政文化相一致，绩效理念才能被政府部门执行者接受并实施，否则只能成为"摆设"。中国从1993年分税制改革以来，财政收入逐年递增，全国一般公共预算收入从2012年的11.73万亿元上涨到2018年的18.34万亿元。面对日益庞大的公共收入资金，如何有效地分配并合理使用公共支出提供公共产品和服务，并使之达到效用最大化是公共部门经济活动所面临的一大难题。预算绩效管理为解决这一难题提供了有效的方法，得到了党和政府的高度重视，在预算管理工作中引入了西方的绩效理念和方法，打破传统的预算管理模式和观念，正在扭转"重分配，轻管理"的固化思想，并在中央和地方政府大力宣传和推广，树立起绩效管理的正确理念，基层政府正在从被动接受向主动实施转变。从中央到地方陆续发布预算绩效管理政策，地方政府积极探索适合本地域的管理制度、模式和方法等，指导和培训基层人员执行上级政策。此外，预算绩效管理参与主体扩大到人大、审计、监察、第三方以及社会公众，对预算信息进行绩效分析，又进一步推广了绩效理念和方法与预算管理的融合。在行政文化上，执政党的"撸起袖子加油干""严于律己，廉洁奉公"和"不忘初心，牢记使命"等政治思想正在改变官僚作风，得到了社会各界力量的支持，为政府绩效管理的实施奠定了坚实的思想基础。

[①] 尚虎平. 激励与问责并重的政府考核之路——改革开放四十年来我国政府绩效评估的回顾与反思 [J]. 中国行政管理, 2018 (8): 85-92.

3.3.2 地方制度建设探索领先于中央

地方政府预算绩效管理探索性试点工作先于中央政府，并积累了大量的实践经验，大量不同层级的地方政府绩效评估与管理的法规性文件陆续出台，为中央政府出台法规制度提供了支持。比较有代表性的是广东省以人大为主导的管理模式和河北省以政府为主导的管理模式下的制度探索。

地方人大参与预算绩效管理的力度不断加大，通过地方立法来体现。多年来，中国政府绩效评价采用的是由财政部门主导、预算部门和资金使用部门具体实施的管理模式，财政部门制定评价流程和评价标准，监管资金的使用绩效，同时又领导组织各部门自我评价，这种模式存在着逻辑矛盾和角色冲突，因而备受争议。从价值理性角度看，公共财政一定程度上属于政治民主范畴，主要体现在预算的民主性上。广东省2014年率先尝试由省人大作为评价主体，广东省财政厅配合省人大开展预算绩效管理的工作。由省人大委托第三方，对重点财政专项资金实施绩效评价。2016年广东人大常委会会议通过《广东省人大常委会开展预算资金支出绩效第三方评价实施办法》。广东财政厅将所有财政重点绩效评价报告与人大信息共享，将预算绩效目标信息纳入预算报告提交人大审议且绩效目标申报范围逐年扩大，配合人大开展第三方绩效监督等，推进预算绩效管理工作。

政府及其财政部门主导的预算绩效管理，是地方政府目前采用最为广泛的管理模式。例如，河北省政府借鉴发达国家的绩效预算管理经验，在制度建设探索方面走在全国前列。2004年，河北省在全国率先出台相关方案，从2005年起进行预算绩效管理改革试点，2009年成立绩效处。通过多年的实践摸索，河北省本着制度先行的改革思路，研究制定各项绩效预算管理改革政策，并予以制度化，为顺利推进改革提供制度保障和操作标准。自2014年开始，省政府出台了一系列的制度办法，初步建立起较为完整的绩效预算管理制度框架体系，将改革成果以制度形式固定下来。2016年，通过专题攻关，研究制定了《部门职责—工作活动绩效目标指标体系》和《项目支出绩效指标框架体系》，涵盖4644个绩效指标、12660个评价标准，省、市、县三级通用，涵盖部门职责、工作活动、预算项目三个层级，为绩效预算编制、监控、评价提供了依据。

3.3.3 信息保障制度配套改革跟进

预算绩效管理的成功不仅在于自身制度的完善,还要依靠相关保障制度的配合,尤其是预算信息方面。从某种程度上说,政府绩效评价的成功与否取决于预算信息是否准确提供。1949年,美国胡佛委员会提出了绩效预算改革建议的方案,之后难以推广的一个重要原因,就是缺少政府会计信息支持。

中国进行以权责发生制为基础的政府会计改革,目标就是更加真实、公允地反映政府预算信息,全面地服务于公共预算绩效。政府会计信息为绩效评价提供可靠的数据支持,这是必要的前提条件。2015年以来,财政部按照《权责发生制政府综合财务报告制度改革方案》的要求,相继出台了政府会计基本准则以及存货、投资、固定资产、无形资产、公共基础设施、政府储备物资、会计调整和负债等具体准则,政府会计准则体系建设取得积极进展,在财务会计部分引入权责发生制,更加准确地核定财务状况信息。政府会计反映的不仅是预算收入、支出和结余,还有政府资产、负债、净资产以及成本等准确的信息。

随着信息化的推进和电子政务的建设,自2007年国务院颁布《中华人民共和国政府信息公开条例》后,2019年又再次修订。预决算公开是法律明确规定的责任和义务,《预算法》对公开的主体、范围、内容和时限等作了具体的规定。自2011年中央部门通过各自门户网站首次向社会公开了决算信息开始,至2018年,公开范围由90个部门扩大到105个部门,公开内容由2张表格增加到8张报表,内容从最初的财政收支数字,扩展到机关运行费用、三公经费、政府采购、预算绩效、财务会计政策等相关信息。尤其是2017年,以项目支出绩效自评表的形式公开了项目绩效自评结果,表明中央政府已不再单纯地披露数字,而是向社会公众展示项目绩效情况等工作成果。社会公众可以登录财政部官网上的"中央预决算公开平台",查阅105个部门的预决算信息,行使公众监督权和保障知情权。预决算信息公开越来越走向规范化和制度化。

3.3.4 管理规范坚持循序渐进

预算绩效本就是"舶来品",将之本土化的过程体现了循序渐进的基本规律,由点到面,由简到繁,由易到难。按照历届政府对预算绩效管理的要求,部门、单位及其人员工作量越来越大,呈现出复杂化趋势。绩效管理的理念和方法与预算管理的结合愈加紧密,对实际执行部门和单位人员的业务素质提出了较高的要求。

中国的预算绩效管理大致经历了预算绩效评价和预算绩效管理两个阶段。绩效评价依据绩效目标,运用合理的方法和一定的标准,对预算支出的产出和效果进行测量,以评价项目的完成情况,可以理解为项目完成后对资金使用的评价。在这一阶段,主要侧重的是重大政策和项目的评价,更关注预算执行后的产出,即事后评价。预算绩效管理不再仅仅聚焦绩效评价与预算结合,而是将预算的整个流程和绩效管理的所有环节进行对接,形成一种新型的预算管理模式,使绩效管理的理念和方法贯穿整个预算阶段。从预算部门和单位提出预算申请开始,列报所达到的绩效目标,经人大审议后批复确定申请数额;预算执行中对预算使用进行绩效监控跟踪,是否按绩效目标执行;预算完成后进行绩效评价,对比与目标的偏离程度得出评价结果,将评价结果作为下期预算申请和问责的重要依据。整个过程的工作内容都有规范要求,从预算绩效评价向预算绩效管理的转变的过程保持循序渐进。

中央和地方政府已经要求本级部门和单位编制预算时,同时报送量化的绩效目标。预算绩效管理仍然包括预算绩效评价,但工作量比以往阶段增加了许多,必然加大绩效分析人员的工作量,对人员的专业素质提出更高的要求。预算绩效管理模式的执行正在经历"推进"和"全面实施",这两个阶段的跨越到目前为止并没有全部完成,未来复杂化程度还难以估量,但待完全成熟后,最终会化繁入简,达到质变的升华。

3.4 本章小结

中国预算绩效管理的发展进程已进入了全面实施阶段,地方政府试点推动发展步伐,全国性的改革拉开帷幕,向绩效预算迈进。我国从发展历程和发布的政策文件来看,自2011年进入推行预算绩效管理阶段,2018年又进入全面实施阶段,政府会计、政府审计和社会力量监督主体参与等保障措施也在进行同步改革完善,现有的组织机构呈现多元化管理主体。国际经验表明,完善的法律制度是有效开展政府预算绩效管理的支撑保障。任何制度创新的改革方案,都需要寻求某种具有可操作性的路径选择。以"自上而下"的方式推进的国家制度改革需要一个强大的中央机构来组织。中央层面和地方层面的制度架构初步完成，财政部门为主管部门，引导各级政府积极探索预算绩效管理实践。经过多年推进，我国在绩效文化理念和方法、地方绩效管理制度探索及其保障制度、管理规范等方面取得初步成就。政府预算绩效管理是一项复杂而又烦琐的工作，涉及众多的部门、项目、人员及其利益，在推进过程中存在的矛盾和摩擦会显现出来，应该对已有的预算绩效管理政策及其执行效果进行评价，从现实世界出发，透过现象发掘本质，及时找到问题并寻求解决，才能为全面实施预算绩效管理扫清障碍。

第4章
中国政府实施预算绩效管理政策效果的实证检验——基于省级层面数据

政策是权威组织针对处理某些事务所设计的行动目标、原则和方案，表现形式通常为法律、法规、规章、指示等。制度分析以新制度经济学为基点，拓展到政治学、管理学等领域，对政策问题进行研究。制度贯穿了政策的全部过程。在特定的政府政策和所关注的结果之间建立因果关系是十分重要的。[①] 国外学术界对绩效预算制度和政策实施效果已有实证分析。Ellig 等（2011）则借助自身广泛和独特的公共部门经验，对 GPRA 实施的第一个十年进行实证分析，发现 GPRA 不仅提高了联邦政府中绩效信息的可用性，还使绩效报告的质量显著改善。[②] 因此，因果关系将是一个长期存在的问题。财政部 416 号文在中国政府实施预算绩效的管理进程中起着承上启下的作用，地方政府经过多年的实践之后，究竟实施效果如何，有必要对政策效果进行实证检验。

4.1 研究假设

通过对财政部 416 号文和省级发布的相关政策文件进行分析，可将推行预算绩效管理所关注的结果概括为三个方面：节约公共支出，花尽量少的资金，

[①] 哈维·S.罗森，特德·盖亚. 财政学 [M]. 郭庆旺，赵志耘译. 北京：中国人民大学出版社, 2009：20.

[②] Jerry Ellig, Maurice McTigue, Henry Wray. Government performance and results: an evaluation of GPRAS first decade [M]. FL: CRC Press, 2011.

办尽量多的实事,即减少预算申请数的增长幅度;强化为民服务的理念,向社会公众提供更多、更好的公共产品和公共服务,即提高民生支出水平;促进建设高效、责任、透明政府,建立公开、透明的预算管理制度,即提高财政透明度。在此,对预算绩效与预算申请、财政透明和民生支出之间的关系进行文献梳理。

4.1.1 预算绩效与预算申请

预算绩效管理的核心就是要硬化预算对政府支出的约束。西方绩效预算的产生本就是为解决财政收支矛盾,控制政府支出,为下一期的预算申请和决策提供依据,中国也不例外。姚东旻、任芳放(2017)认为中国绩效预算的作用,主要在于改善支出部门的资金使用效率,汇报交流,控制监督支出部门行为。① "节约公共支出成本"已成为中央和地方政府实施预算绩效管理的共同目标。实践中,地方预算部门的预算申请已经趋于理性,与绩效目标相结合,不再盲目地增加预算申请。尤其是地方政府预算编制阶段,是否理性地提出预算申请,减少低效或无效开支,节约财政资金,需要实证检验。马国贤、任晓辉(2018)提到预算绩效应围绕控制预算,建立和绩效挂钩的拨款体系。② 刘柏源等(2019)采用 DEA - Malmquist 指数分解法,以财政部 2009 年发布的 76 号文为起点,从预算绩效管理改革对政府支出总体影响和不同区域政府支出影响两个方面进行实证研究,发现随着预算绩效管理改革的不断推进,财政支出的效率不断提高,并且东部、中部、西部地区的财政支出效率相差不大。③ 因此,假设财政部 416 号文发布后降低了预算申请数额,对地方预算申请有约束作用。

4.1.2 预算绩效与财政透明

中国提出要建设高效、责任、透明政府,财政透明体现了政府预算管理规范化程度,反映政府治理能力水平。预算绩效管理是一种新型的预算管理模

---

① 姚东旻,任芳放. 中国绩效预算是结果导向吗?——基于政府绩效文告的文本分析[J]. 经济研究参考,2017(51):12-25.

② 马国贤,任晓辉. 全面实施绩效管理:理论、制度与顶层设计[J]. 中国行政管理,2018(4):13-18.

③ 刘柏源,丁志伟,张洁. 预算绩效管理改革对省级财政支出影响——基于 DEA - Malmquist 指数分解法[J]. 地方财政研究,2019(2):34-42.

式，预算绩效信息的公开透明是财政透明的重要方面。Jordan Hackbart（2005）强调美国州政府实行的绩效预算可以改善问责制、政府内部决策者之间以及与政府外部利益攸关方的沟通和政府透明度。① 曾军平（2011）在调查了中国省级行政收支及相关信息透明度后发现，政府信息公开制度对财政透明度的推动效应与各单位所处省份的经济发展水平存在较明显的正相关关系。② 李俊生、王淑杰（2011）研究了预算决策机构如何实现预算权力的机制，为提高透明度奠定了法律基础。③ 肖鹏、李燕（2011）提出可以从法律法规建设、预算信息披露等方面去提升中国财政透明度。④ 孙琳、方爱丽（2013）对48个国家的数据分析得出初步结论，认为财政透明度与政府绩效存在正相关关系，即权责发生制的政府会计改革，使信息不对称和财政透明度问题得到了有效改善。⑤ 吴建南等（2015）发现效能建设能有效地促进政府透明度的提升，这种促进作用在欠发达地区的效果更为显著。⑥ 因此，假设财政部416号文发布后，有效地提升了地方政府财政透明程度。

4.1.3 预算绩效与民生支出

绩效既是一种管理方法，也是一种价值理念。中国建设服务型政府，体现以人民为本的执政理念，把人民的利益作为一切工作的出发点和落脚点。实施预算绩效管理的目的之一就是将节约出来的公共经费支出更多地用于民生支出，投向民生惠民领域，满足人民的美好生活需求。马蔡琛（2017）指出中国加强预算绩效管理，加大财政支出优化整合力度，通过压缩一般性支出，更好地适应供给侧结构性改革和保障民生兜底的需要。⑦ 肖捷（2018）指出实施全面预算绩效管理是落实以人民为中心的发展思想的必然要求，财政部门应将

---

① Jordan M. M., Hackbart M. The goals and implementation success of state performance – based budgeting [J]. Journal of Public Budgeting, Accounting & Financial Management, 2005, 17 (4): 471 – 487.
② 曾军平. 政府信息公开制度对财政透明度的影响及原因 [J]. 财贸经济, 2011 (3): 25 – 30.
③ 李俊生, 王淑杰. 论国会预算权力的实现机制: 基于中美两国的比较分析 [J]. 宏观经济研究, 2011 (3): 8 – 13.
④ 肖鹏, 李燕. 基于 Lüder 政府会计环境评估模型的中国财政透明度研究 [J]. 公共行政评论, 2011 (2): 133 – 150.
⑤ 孙琳, 方爱丽. 财政透明度、政府会计制度和政府绩效改善——基于48个国家的数据分析 [J]. 财贸经济, 2013 (6): 22 – 32.
⑥ 吴建南, 胡春萍, 张攀等. 效能建设能改进政府绩效吗？——基于30省面板数据的实证研究 [J]. 公共管理学报, 2015 (3): 126 – 138.
⑦ 马蔡琛. 解读2017年"国家账本" [J]. 中国财政, 2017 (8): 25 – 27.

取之于民的财政资金分配好、使用好、管理好。① 陈玲芳、邓理洁（2018）从国有资本经营预算角度指出，近年来国有资本经营预算支出中用于民生支出的金额和比例都在稳步提高，应以保障与改善民生作为战略目标，从非民生化项目效益等四个维度为国企设计绩效评价指标体系。② 刘晔（2018）指出加快预算制度改革有利于保障与民生支出相关的民生决策以及民生监督，并且需要健全预算绩效管理，提高民生保障。③ 姜扬（2019）认为民生性财政支出效率存在明显的地区差距，地方政府过度追求经济绩效会导致民生性财政支出效率的损失。④ 可见，无论预算申请和批复阶段的博弈过程多么复杂，从预算执行的结果可以判断公众利益得到保障的程度，人民对美好生活的需求是否得到满足。因此，假设财政部416号文发布后，政府提高了民生支出水平。

综上所述，416号文在预算申请、财政透明以及民生支出方面的影响具有丰富的理论和指导实践的重要意义。而现有文献主要集中于预算绩效管理政策理论的规范研究，在研究方法的选择上普遍缺少定量或实证分析。因此，本章以预算绩效管理政策所要达到的效果为切入口，在416号文发布时间前后，对预算申请、财政透明度以及民生支出的影响进行断点回归分析，以评价政策执行的效果。

4.2 研究设计

4.2.1 样本选择及数据来源

研究样本是由中国31个省份（不包括香港、澳门和台湾）的面板数据构成，时间跨度为2007—2016年。面板数据选取的是省级层面，以剔除部分市、县和乡镇政策落实执行不均的情况。

---

① 肖捷. 全面实施预算绩效管理 提高财政资源配置效率［J］. 中国财政，2018（7）：4-6.
② 陈玲芳，邓理洁. 民生导向下国资经营预算支出绩效评价与监管探析［J］. 财会月刊，2018（5）：44-48.
③ 刘晔. 加快建立以民生福祉为中心的现代财政制度［J］. 厦门大学学报（哲学社会科学版），2018（3）：15-22.
④ 姜扬. 地方政府质量与民生性财政支出效率［J］. 中国行政管理，2019（3）：133-139.

样本数据来自《中国统计年鉴》《中国财政年鉴》、国家统计局官方网站的统计数据以及上海财经大学公共政策研究中心出具的《中国财政透明度报告》。其中,《中国财政透明度报告》以决算数作为调查对象,全方位调查省级层面财政信息的公开程度,通过向有关部门提出政府信息公开申请、网络搜索和文献检索等多种方式采集数据,对所设计的评价维度和项目进行打分,计算出各省(自治区、直辖市)的财政透明度最终得分,获得了学术界的广泛认可和使用。

4.2.2 变量定义

1. 被解释变量

(1) 预算申请增幅(YSSP)。

预算申请增幅指省政府年初向人大提出的预算申请数的增长幅度。预算申请数指各省份在一般公共预算收支决算表中的预算数,包括一般公共服务支出、外交支出等经常性支出预算,但不包括灾害等非经常性支出。一般公共预算收支经过地方人民代表大会审议批准后,在法定范围内使用,规范化程度最高,使数据更具参考性和可比性。计算公式为:

$$预算申请增幅 = \frac{本年预算申请数 - 上一年预算申请数}{上一年预算申请数} \times 100\%$$

由于各省份预算申请数的绝对数不具有可比性,当预算申请数出现负增长时不能使用对数函数,所以此处选择预算申请增长幅度作为指标,以检验财政部416号文是否降低了预算申请数。

(2) 财政透明度(FT)。

财政透明度主要衡量政府财政活动信息公开的程度。上海财经大学公共政策研究中心2009—2018年连续10年出具的《中国财政透明度报告》,采取调查方式,分省、分项目计算财政透明度得分。需要说明的是,该报告当年出具的数据是以两年前的决算数为调查对象的,并非当年的透明度得分。因此,本文财政透明度选取数据的时间范围对应的是2007—2016年。其中,2009年报告中的分数总分为1180分,未以百分制数字列出,特将分数除以11.8后转换为百分数。

(3) 民生支出水平(PGS)。

民生支出水平衡量政府的民生保障工作。民生支出是指各级财政部门依照职能,用于建立覆盖城乡居民的社保、就业、教育、医疗等涉及公众利益方面的决算支出。在此,将民生支出界定为医疗卫生支出、教育支出、社会保障与就业支出和节能环保支出的总和,民生支出水平定义为民生支出占一般公共预算支出的比例。计算公式为:

$$民生支出水平 = \frac{民生支出}{一般公共预算支出} \times 100\%$$

2. 解释变量(D)

解释变量是表示财政部 416 号文是否发布的一个虚拟变量。财政部 416 号文发布后的年份取值为 1,否则为 0。财政部 416 号文的发布时间是 2011 年 7 月,当年的预算申请数已经批准,民生支出水平和财政透明度统计数据尚未报出,未受到该政策的影响。所以,本书将三个被解释变量受财政部 416 号文的影响滞后一年,在模型中,2012 年以后(含 2012 年)取值为 1,2012 年以前取值为 0。

3. 协变量

模型选取了城市化率、对外开放程度以及人均国内生产总值作为协变量,对可能影响到被解释变量的因素进行解释。

(1) 城市化率(UB)。

城市化率反映的是城市人口占总人口的比重。随着中国工业化水平提高和经济的发展,更多的人口开始向城市转移,从而增加了政府在城市基础设施等方面的投入。同时,城市人口的权利意识更强,对政府信息公开的要求较高,会促使政府提高财政透明度。

(2) 对外开放程度(OP)。

中国改革开放以来,对外开放的水平越来越高。外资的进入要求政府公开更多的信息,或者政府为了吸引更多外资,也会公开更多的信息,从而对财政透明度产生影响。对外开放使中国更容易受到外部冲击,更需要政府增加预算支出来发挥宏观调控的作用。对外开放水平的计算公式为:

$$对外开放 = \frac{进口额 + 出口额}{国内生产总值} \times 100\%$$

公式数据来源于《中国统计年鉴》,进口额以及出口额的计量单位是美元,国民生产总值的计量单位是人民币,故公式使用人民币对美元汇率的当年平均值进行换算。

(3) 人均国内生产总值(PGDP)。

该变量是衡量一个地区经济发展状况的重要指标,单位为千元。经济发达

第 4 章 中国政府实施预算绩效管理政策效果的实证检验——基于省级层面数据

的地区，政府公共服务的能力普遍较强，财政管理规范，财政支出数额、民生保障水平也较高。

综上，将被解释变量、解释变量和协变量定义总结在表 4-1 中。

表 4-1　　　　　　　　　　变量定义

变量	含义	单位	变量名	计算方法
被解释变量	预算申请增幅	%	YSSP	（本年预算申请数 - 上一年预算申请数）/上一年预算申请数×100%
	财政透明度	分数值	FT	《中国财政透明度报告》数据
	民生支出水平	%	PGS	（教育支出 + 医疗卫生支出 + 社会保障与就业支出 + 节能环保支出）/一般公共预算支出×100%
解释变量	416 号文发布	—	D	416 号文发布后的年份取值为 1，否则为 0
协变量	城市化率	%	UB	城市人口/年末常住人口×100%
	对外开放程度	%	OP	（进口额 + 出口额）/国内生产总值×100%
	人均国内生产总值	千元	PGDP	国内生产总值/年末常住人口

4.2.3 变量的描述性统计

表 4-2 报告了主要变量分别在断点左右内侧以及全样本下的统计特征，包括样本量、均值和标准差，变量均以 2012 年为断点进行统计特征描述。

表 4-2　　　　　416 号文发布前后主要变量的统计特征

统计特征	变量	YSSP	FT	PGS	UB	OP	PGDP
断点左侧	样本量	155	155	155	155	155	155
	均值	25.8918	24.7	40.1741	49.5912	32.9003	29.964
	标准差	6.8712	10.2995	6.4305	14.7052	41.069	17.1009
断点右侧	样本量	155	155	155	155	155	155
	均值	10.3832	42.5443	38.9633	55.5842	27.4206	50.3585
	标准差	5.8148	14.2249	4.3637	13.325	31.0037	22.792
全样本	样本量	310	310	310	310	310	310
	均值	18.1375	33.621	39.5687	52.5877	30.1605	40.161
	标准差	10.0352	15.283	5.5275	14.3273	36.4306	22.5603

从表 4 – 2 中可以看到被解释变量和协变量在断点时间前后的均值变化。预算申请增幅的均值为从 25.8918% 下降到 10.3832%，说明 416 号文发布后预算申请增幅明显减缓。财政透明度断点左侧的均值为 24.7，断点右侧的均值 42.5443，说明实施 416 号文后财政透明度有所提升。但是从全样本的均值中可以看到各省的财政透明度整体水平不高，低分值的省份较多。民生支出水平从 40.1741 下降至 38.9633，但是降幅不大。城市化率的均值从 49.5912 上升到 55.5842，对外开放程度由 32.9003 降至 27.4206，人均国内生产总值的均值从 29.964 上升到了 50.3585，人均国内生产总值的均值增长明显。通过统计特征的分析，可以直观地观察到 416 号文的发布前后预算申请增幅、财政透明度以及民生支出水平都有变化，但是不能说明导致该变化的具体原因，因为除了 416 号文的发布也有可能是人均国内生产总值等其他的因素导致被解释变量的变化。另外，仅仅通过均值的比较不能确定 416 号文的发布对该变化具体起到了多大的作用。所以，接下来还要通过回归分析得到更加具体的结论。

4.2.4　断点回归模型建立

断点回归（Regression Discontinuity，RD）是目前最接近自然实验的一种准实验计量方法。断点回归设计将样本按照断点分为断点两侧，将断点称为临界值，靠近临界值的样本其他条件变化不大，不足以影响结果变量，那么结果变量的变化就是由临界值变化导致的，所以断点回归最接近自然实验的效果。[①] 另外，断点回归的前提要求相对于其他方法来说较宽松，且能有效解决内生性问题。

断点回归分为两种不同的类型，分别是模糊断点回归和精确断点回归。模糊断点回归是指概率从 a 跳跃到 b（0 < a < b < 1）；精确断点回归是指在断点处，个体得到处置的概率从 0 跳跃到 1。结合本文研究的问题以及 416 号文发布后 31 省开始执行该政策，不受其他因素的影响，所以本文使用精确断点回归的方法。构建模型如下：

$$Y_{i,t} = \alpha + \delta D_{i,t} + \beta f(x_{i,t} - c) + \gamma f(x_{i,t} - c) D_t + \lambda X_t + \varepsilon_{i,t} \quad (4.1)$$

其中，Y 为被解释变量，i 和 t 分别表示省份和年份；$Y_{i,t}$ 分别表示第 i 个省份在第 t 年的预算申请增幅、财政透明度以及民生支出水平；D 为解释变量；c 为临界值，c 取 2012 年；x 为配置变量，指派变量为 $(x - c)$，指样本时

---

① 陈强. 高级计量经济学及 Stata 应用 [M]. 北京：高等教育出版社，2014：559 – 563.

间点到临界值的距离，$f(x-c)$ 指指派变量的高次项；加入交互项 $f(x-c)D$，表明允许断点两侧的斜率不同，减小设定误差；X 为协变量（covariate），选取了城市化率、对外开放以及人均国内生产总值作为协变量；ε 为误差项；δ 是主要关注的政策效应的值即为在其他条件不变的情况下，416 号文的实施对被解释变量变化的影响；β、γ、λ 表示回归系数；α 为常数项。

4.3 实证结果分析

4.3.1 OLS 回归结果分析

为了和断点回归设计分析的政策效应进行比较，本章同时报告普通最小二乘法（Ordinary Least Square，OLS）下的回归结果，考虑到城市化率、对外开放以及人均国内生产总值的影响，构造如下模型：

$$Y_{i,t} = \alpha + \beta D_{i,t} + \lambda X_{i,t} + \varepsilon_{i,t} \tag{4.2}$$

其中，Y 为被解释变量，D 为解释变量，X 为协变量，ε 为误差项，α 为常数项。回归结果见表 4-3。

表 4-3　　　　　　　　　　OLS 回归结果

	(1) YSSP	(2) FT	(3) PGS
D	-15.16***	15.24***	1.091
	(0.906)	(2.276)	(0.676)
是否加入协变量	是	是	是
α	32.22***	19.09***	31.824***
	(2.083)	(4.636)	(6.558)
N	310	310	310
R^2	0.616	0.359	0.298

注：该处括号内计算的标准误为聚类稳健标准误；***表示 $p<0.01$，代表估计结果在 1% 的显著性水平下显著。

表 4-3 是对样本数据进行 OLS 回归的结果。栏（1）、栏（2）和栏（3）分别是在加入协变量之后，416 号文的发布对预算申请增幅、财政透明度以及民生支出水平的影响。栏（1）显示，预算申请增幅在 1% 的显著性水平下回归

系数为负。在其他变量保持不变的情况下，416号文发布后，使预算申请增幅为-15.16%，即降幅15.16%。从栏（2）可以看到416号文发布后，财政透明度在1%的显著性水平下系数为15.24，在其他变量保持不变的情况下，416号文的发布使财政透明度的分数提高了15.24分。从栏（3）可以看到416号文发布后，民生支出水平的回归系数为1.091，在其他变量保持不变的情况下，416号文的发布使民生支出水平提高了1.091%，但没有通过显著性检验。然而这一回归并不完全准确，从表4-3的最后一行可以看到该回归得到的R^2分别为61.6%、35.9%和29.8%，说明有可能出现遗漏关键变量的问题，导致得到的回归系数有偏。因而，接下来使用断点回归的方法进行检验，以解决内生性的问题。

4.3.2 断点回归结果分析

通过OLS分析，我们能够初步得到416号文发布实施的初步影响。接下来将使用断点回归的方法对数据进行进一步的检验。

首先，要使用断点回归就要进行解释变量的有效性检验。文中解释变量为时间，416号文的发布以及发布的时间都是不受各省份控制的，且未事先公布，省级部门无法提前准备，所以满足随机性。其次，使用断点回归方法的前提是被解释变量有明确的断点。图4-1中（a）、（b）、（c）分别为预算申请增幅、财政透明度以及民生支出水平在断点前后的散点图，通过图形分析可以看到以竖虚线为界，分为断点左侧和断点右侧。预算申请增幅的断点右侧明显低于断点左侧，且置信区间没有重叠的部分，财政透明度和民生支出水平的断点右侧略高于断点左侧，且置信区间重合较少。这说明断点左右两侧有明显的差距，也证明了在此处是有断点存在的。综上，证明了断点回归方法在本研究中的可行性。

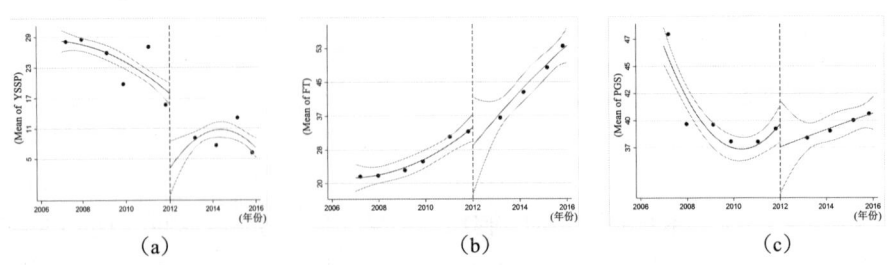

图4-1 被解释变量断点前后散点图

第 4 章 中国政府实施预算绩效管理政策效果的实证检验——基于省级层面数据

断点回归设计中分为参数估计和非参数估计两种方法，这两种方法各有利弊。参数估计操作方便且效率高，但是如果模型设定不恰当，可能会产生设定误差。非参数估计则不需要设计具体的回归模型，得到的回归系数也更加稳健，但是需要的样本容量相对也较大。结合样本选择的情况，本文主要通过参数估计的方法进行断点回归分析，在稳健性检验中补充说明非参数估计的回归结果。

参数估计带宽采用的是手动设定的方法，参考已有文献，此处带宽选择为断点（含 2012 年）前后三年，即 2009—2015 年共 7 年，31 个省份的样本共 217 个。基于低阶多项式的估计效果要好于高阶多项式的理论，模型中高次项的阶数只选择到三阶。参数估计回归结果见表 4 - 4。

表 4 - 4　　　　　　　　　参数估计回归结果

	(1) $YSSP$	(2) FT	(3) PGS	(4) $YSSP$	(5) FT	(6) PGS
D	-33.95***	-5.647	0.863	-33.58***	-6.189	0.897
	(3.5280)	(10.781)	(1.1546)	(3.5370)	(10.829)	(1.1766)
是否加入协变量	否	否	否	是	是	是
α	49.65***	38.332***	37.88***	53.72***	35.295**	37.16***
	(3.6467)	(10.539)	(1.4665)	(4.7406)	(11.575)	(6.6456)
N	217	217	217	217	217	217

注：该处括号内计算的标准误为聚类稳健标准误；**表示 $p<0.05$，***表示 $p<0.01$，分别代表估计结果在 5% 和 1% 的显著性水平下显著。

表 4 - 3 的栏（1）至栏（3）分别是对预算申请增幅、财政透明度以及民生支出水平的回归结果，栏（4）至栏（6）分别反映加入了协变量后的结果。从栏（1）看出，416 号文对预算申请增幅的影响在 1% 的显著性水平下的回归系数为 -33.95，表明 416 号文发布使预算申请增幅为 -33.95%，即降幅达 33.95%。416 号文要求将预算编制与绩效目标相结合，以目标为导向提出预算申请，控制节约支出，减少政府部门和单位盲目的预算申请。回归结果显示，416 号文发布后，省级的预算申请增速的确明显减缓，符合政策预期和研究假设。栏（4）是加入协变量后的回归结果，回归系数为 -33.58，和栏（1）数据十分接近，说明加入协变量对政策效应的估计值影响不大。结合图 4 -1 的变化趋势，又发现预算申请增幅的下降是短期内的一个效果。由于预算绩效管理体制尚未完善，预算与绩效结合机制并未完全落实，可能会在实际执

行中弱化政策效应。

表4-3的栏（2）显示，416号文对省级财政透明度的提升没有产生显著影响，回归系数为-5.647，回归结果不显著，该政策对提高财政透明度的作用有限。加入协变量后，栏（5）回归系数为-6.189，仍然不显著。此外，将31个省份为东部、中部和西部又分别进行了三次回归，结果仍都是不显著的，可见地域经济发展水平对预算绩效政策实施也没有显著影响，未达到政策实施的预期效果。总体来说，预算绩效管理的信息并未有效地公开披露，对省级整体财政透明度提升尚未显著影响，说明省级财政管理的规范化和透明化还有待加强。

表4-3的栏（3）显示，民生支出水平在加与不加协变量时的回归系数分别是0.863和0.897，两者都是不显著的，表明416号文发布对民生支出水平的影响不大，未达到政策实施的预期效果。在416号文实施后，地方政府注重资金使用效率，而节约的资金并未更多地用于民生支出方面。即便通过减少预算申请节省了一部分的财政资金，但是对于民生支出的投入没有显著的增加，需要进一步查找原因。

4.4　稳健性检验

在稳健性检验中，主要报告三部分的内容，分别是非参数估计的回归结果、不同带宽下的回归结果以及协变量的连续性检验。

4.4.1　非参数估计的回归结果

非参数回归是指不依赖于具体的函数形式，可以通过最小化均方误差（Mean Squared Error，MSE）来选择最优带宽。一般带宽越小，则偏差越小，但是由于在临界值的数据很少，会使方差变大；反之，带宽越大，则偏差越大；方差越小。[1]令

$$m_1(x) \equiv E(y_1|x), m_0(x) \equiv E(y_0|x)$$

$$\delta = m_1(c) - m_0(c), \hat{\delta} = \hat{m}_1(c) - \hat{m}_0(c)$$

---

[1]　陈强. 高级计量经济学及Stata应用[M]. 北京：高等教育出版社，2014：559-563.

其中，Y_1 表示接受处置后的被解释变量，Y_0 表示未接收处置的被解释变量。通过最小化回归函数在断点处的均方误差来选择最优带宽：

$$\min_h E\{[\hat{m}_1(c) - m_1(c)]^2 + [\hat{m}_0(c) - m_0(c)]^2\} \quad (4.3)$$

确定最优带宽后，相对于计算均值的非参数回归方法来说，核回归更加有效率。核回归方法局部线性回归，最小化以下函数：

$$\min_{|\alpha,\beta,\delta,\gamma|} \sum_{i=1}^{n} K[(x_i - c)/h][Y_i - \alpha - \beta(x_i - c) - \delta D_i - \gamma(x_i - c)D_i]^2 \quad (4.4)$$

其中，$K(x)$ 为核函数，常用的核函数有三角核和矩形核。如果核函数选择矩形核，结果和参数估计相同。

非参数估计的断点回归，可以采用最小均方误差的方法计算最优带宽，其中核函数选择的是三角核进行计算，得到的估计量为局部沃尔德估计量（Local Wald Estimator，Lwald）。表 4-5 报告了三角核下非参数估计在不同带宽下的回归结果，其中三个模型中，被解释变量是预算申请增幅时最优带宽为 1.5 年，财政透明度下最优带宽为 4.7 年，民生支出水平下最优带宽为 2.9 年。

表 4-5　　　　　　　　　非参数估计断点回归结果

	(1) YSSP	(2) FT	(3) PGS	(4) YSSP	(5) FT	(6) PGS
Lwald	0	-2.232	1.094	0	-2.246	0.573
最优带宽	(.)	(3.797)	(1.754)	(.)	(3.809)	(1.522)
Lwald50	0	-4.981	1.21	0	-5.357	1.612
0.5 倍带宽	(.)	(6.013)	(1.055)	(.)	(6.109)	(0.901)
Lwald200	-16.91***	-0.243	2.864	-16.92***	-0.215	3.103
2 倍带宽	(2.219)	(3.072)	(1.06)	(2.177)	(3.073)	(0.92)
N	310	310	310	310	310	310

注：该处括号内计算的标准误为聚类稳健标准误；***表示 $p < 0.01$，代表估计结果在 1% 的显著性水平下显著。

从表 4-5 的栏（1）中可以看到，被解释变量为预算申请增幅时，最优带宽的最优值过小，仅能计算得到回归系数为 -11.39，未能计算出标准误，故无法判断是否通过显著性检验。但由 2 倍带宽计算得到的断点处的局部沃尔德估计量为 -16.91，且在 1% 的显著性水平下是成立的，说明 416 号文的发布导致预算申请数降幅达 16.91%。栏（4）为加入协变量后的估计量为 -16.92，与不加协变量无明显差距。栏（2）和栏（5）分别表示被解释变量是财政透明度时加入与不加入协变量,由最优带宽计算得到的局部沃尔德估计量,分别为 -2.232 与 -2.246,两者差距不大,且不显著,说明 416 号文的发布实施并未有效影响省级财政透明度,这和参数估计的结果是相一致的。栏(3) 和栏 (6) 分别表示被解释变量是民生支出水平时加入与不加入协变量,由最优带宽计算得到的局部沃尔德估计量,分别是 1.094 与 0.573,两者都是不显著的,同样与参数回归的结果一致,说明 416 号文对民生支出水平的影响不大。综上,非参数回归结果和参数估计的结果是一致的,证明了回归结果的稳健性。

在最优带宽下不含协变量时,416 号文发布实施后对预算申请增幅、财政透明度以及民生支出水平的影响水平可以通过断点示意图分别描述,详见图 4-2、图 4-3 和图 4-4。

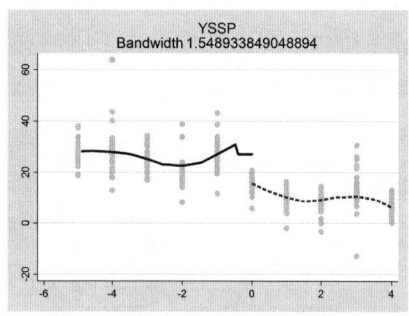

图 4-2 预算申请增幅断点示意图

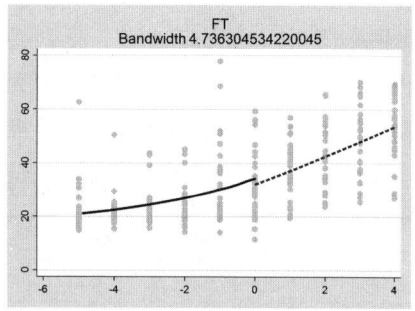

图 4-3 财政透明度断点示意图

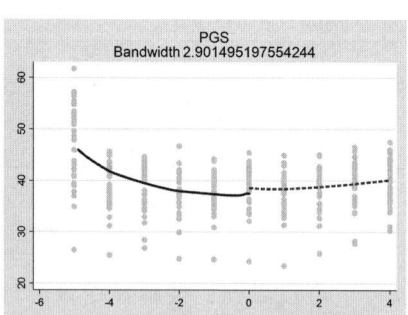

图 4-4 民生支出水平断点示意图

从图 4-2、图 4-3 和图 4-4 中可以清晰地看出,被解释变量是预算申请增幅时,通过了显著性检验,在断点处有明显的向下跳跃,且在断点之后仍在缓慢下降。当被解释变量是财政透明度和民生支出水平时则没有通过显著性检验,没有足够证据说明受到了416号文的影响,断点示意图中没有出现明显的跳跃,但财政透明度仍处于上升状态。综合来看,416号文发布后对地方政府的预算申请增幅减少有显著影响,节约下来的预算资金却没有明显地提高民生支出水平,对财政透明度的提升也没有显著影响,需要进一步分析原因。

4.4.2 不同带宽下的回归结果

表4-5不仅报告了最优带宽下的回归结果,同时也报告了0.5倍带宽以及2倍带宽下的回归结果。从栏(2)和栏(5)中得到被解释变量为财政透明度时,0.5倍带宽和2倍带宽计算得到的局部沃尔德估计量为-4.981和-0.243,加入协变量后,局部沃尔德估计量为-5.357和-0.215,和最优带宽下计算结果的方向是一致的,且都不显著,同样说明对带宽的依赖程度较低。从栏(3)和栏(6)中得到被解释变量为民生支出水平时,0.5倍带宽和2倍带宽计算得到的局部沃尔德估计量分别为1.21和2.864,加入协变量后,局部沃尔德估计量为1.612和3.103,同样说明对带宽的依赖程度低。综上,证明回归的结果具有稳健性。

4.4.3 协变量的连续性检验

断点回归还需要对协变量的连续性进行检验。原假设为协变量在断点处连续。如果协变量在断点处也发生跳跃,则被解释变量在断点处跳跃不仅仅是由解释变量引起的,协变量也会使被解释变量产生跳跃,这时会造成估计量的有偏估计。对协变量连续性检验结果见表4-6。

表4-6 协变量连续性检验结果

	(1) YSSP	(2) FT	(3) PGS
UB	1.254 (3.64)	-0.152 (3.94)	-0.0197 (6.27)
OP	-0.774 (9.73)	-0.173 (10.65)	-1.6375 (16.999)
PGDP	3.977 (4.93)	-0.316 (5.226)	-2.0301 (8.16)
UB50	0 (.)	0.022 (6.283)	1.2541 (3.6406)

续表

	(1) YSSP	(2) FT	(3) PGS
OP50	0 (.)	-1.636 (17.04)	-0.7744 (9.7366)
PGDP50	0 (.)	-2.043 (8.181)	3.9768 (4.9321)
UB200	-0.0686 (5.46)	-0.002 (3.373)	-0.06 (3.5227)
OP200	-2.203 (14.795)	3.231 (9.107)	1.9014 (9.51)
PGDP200	-1.8221 (7.17)	1.059 (4.455)	0.5208 (4.68)
N	310	310	310

注：该处括号内计算的标准误为聚类稳健标准误。

表4-6的栏（1）显示，城市化率的回归系数为1.254，标准误为3.64，回归系数与标准误的比值极小，说明P值很大，不能拒绝城市化率在断点处是连续的这一原假设。同样的，对外开放和人均国内生产总值的P值都比较大，均表示其在断点处是连续的。另外，协变量检验结果在不同的带宽下都是不显著的，说明协变量在断点处是连续的，并没有受到416号文发布的影响。

以上三部分的稳健性检验，都没有和参数回归的结果产生明显的差异，说明实证研究的结果可信度较高。

4.5 本章小结

经济学家向来最为关注因果关系的推断，而现有方法尚不能得出完全合理的因果关系，因此，将目光逐渐转向了断点回归法。[①] 本章对地方政府执行中央财政部规章文件的效果进行验证，基于2007—2016年31省份的省级面板数

---

① 余静文，王春超. 新"拟随机实验"方法的兴起——断点回归及其在经济学中的应用[J]. 经济学动态，2011（2）：125-131.

据，根据文件的价值理念和目标，采用断点回归分析法，实证检验了推进预算绩效管理政策执行效果。结果显示，财政部416号文发布后，其对预算申请增幅减少有显著影响，地方政府开始节约预算支出，更加理性地申报预算，并逐年下降，说明政策效果已经显现，而其对民生支出水平提高和财政透明度提升影响不显著，尚未达到政策预期效果，对比需要认真思考，进一步查找深层次原因。

第 5 章
中国政府推进预算绩效管理的政策及其执行评价——基于地方政府视角

公共政策是用于指导、规范公共部门的行为准则,绩效是公共政策的核心原则。① 加强公共政策绩效评价,有利于实现政策资源的有效配置,以检验政策的效果、效率、效益,作为政策调整、提出建议的重要依据。② 评价是为了检验政策实施的效果,评价过去是为了更好地决策未来。因此,对推进预算绩效管理的政策及其执行进行评价,有针对性地发现问题,可为之后全面实施预算绩效管理提供思路与建议。

5.1 地方政府推进预算绩效管理政策的文本分析

5.1.1 研究设计

2011 年财政部印发的《关于推进预算绩效管理的指导意见》(即"财政部 416 号文")和 2018 年中共中央、国务院发布的《关于全面实施预算绩效管理的意见》,是当前指导中央和地方政府预算绩效管理工作的核心政策,尤其是 2018 年后进入全面实施阶段。只有对推进阶段过程中执行预算管理存在

---

① 马国贤,任晓辉. 公共政策分析与评估 [M]. 上海:复旦大学出版社,2012:8 – 15.
② 中国行政管理学会课题组. 政府公共政策绩效评估研究 [J]. 中国行政管理,2013 (3):20 – 23.

的问题及其影响因素进行深入剖析，才能为全面实施阶段扫清障碍，铺平道路，顺利地保证政策的落实。

政策主要指向的是未来，以期对未来的某种状况、行动施加影响。公共政策的制定和实施是国家权威机构意图的体现，这些机构包括执政党、立法机构、司法机构和行政机构。它们通过政策的引导、控制、协调和分配功能，体现公共权威机构的理政意图和目标，对公共物品进行权威性的分配。对公共政策的研究经过几十年的发展，形成了一定的科学范式，其中的重要特征就是通过运用科学知识和方法研究政策问题，对于政策实施的相关因素进行实证调查，对相关的资料数据进行定量分析，减少政策制定的失误，提高执行效率。由于利益和价值取向的多元化，对同一项公共政策，不同的执行者必然有着不同的理解，实施起来并不总是会带来预期的效果。财政部416号文成为指导和规范地方政府部门单位制定和实施预算绩效管理的元政策，该政策处于预算绩效管理的推进发展阶段，施政理念已被所涉及的大多数政府部门、单位和公众所认可和接受。

政策文献是政策思想的物化载体，将对政策系统与政策过程客观的、可追溯、可获取的文字记录下来，它是政府处理公共事务的真实反映和行为印迹。[①] 预算绩效管理的政策文本是指导预算绩效管理具体实施的静态文件汇总，对政府发布的政策文本进行分析，最终目的是通过表面化的文字叙述，去了解其背后实质的动因，即预算绩效导向、工作思路和内容特点等。对政策文本进行量化分析可以使公共政策作为一个"过程"呈现在公众面前，实现由静态向动态的转变。郭燕芬、柏维春（2019）对31个省份的相关文件进行了政策文本分析，较为客观地呈现当前各省份政府效能评价实践的现状。[②] 通过对中国2011—2018年地方政府发布的预算绩效管理政策文本进行分析，可以客观了解预算绩效管理的发展现状与问题，以期对全面实施预算绩效管理提出可行建议，推进政府财政科学化管理，向更加完备的绩效预算体系转型。

在中国的五级预算层级中，省级预算占有核心地位。其原因在于，省级预算既不像中央预算那样有诸多的宏观政策目标要去实施，又较少如市县级预算那样受到财力上的约束，具备一定的灵活性，在预算环境和预算方法上还有一

---

① 黄萃，任弢，张剑. 政策文献量化研究：公共政策研究的新方向 [J]. 公共管理学报，2015 (2)：129 – 137.

② 郭燕芬，柏维春. 我国地方政府效能评价的实施现状——基于31省的政策文本分析 [J]. 兰州学刊，2019（1）：165 – 182.

定的创新空间。① 因此，本章以省级人民政府或省级财政厅及其预算处出台的地方法规性文件作为主要搜集对象，可以发掘在预算绩效管理方面的重点施政方向。文本的搜集过程，是通过31个省（自治区、直辖市）的省人大官网、人民政府网、财政厅官方网站或百度等媒介，以"预算绩效""绩效预算"或"绩效"为关键词进行检索或搜索，时间跨度为2011年12月至2018年7月，筛选符合要求的政策文本共269份。主要考察2011年416号文发布后，对地方政策是否与中央文件精神保持一致并积极落实进行评价，以期发现政策制定中优势与不足，为今后政策的完善指明方向。筛选过程主要遵循以下原则：一是相关性原则。文本的内容选择所有使用预算的部门或项目在绩效管理或其具体环节上的规定，不包括对特定行业领域或项目资金的绩效管理政策文件。二是公开性原则。预算绩效管理的相关政策是官方网站主动公开披露或其他媒介转载的，每个文件都可以通过公开途径获取，不包括未主动公开的政策文件。三是时效性原则。搜集的文本是在时间跨度内正在执行的有效文本，剔除了已失效政策文本。

为对省级层面发布的政策文本进行全面分析，了解其外部属性与内部属性，把握其内部语料与外部要素，在此采取了数量统计分析与内容分析相结合的方法。文本分析主要由以下两部分构成。第一部分是对政策文本的数量和属性的分析。对地方政府发文时间、各省份发文数量、发文部门、发文类型等不同属性进行统计，总结发文特征。第二部分是对政策文本的内容分析。筛选出预算绩效管理总领性文本，对其进行内容分析，以政策文献语义为研究内容，利用 NVivo 软件挖掘政策的内在本质，以期对管理规范掌握得更加精准。

5.1.2 政策发文数量和属性分析

1. 政策发文数量分析

从31个省份的发文数量看，所搜集到的269份政策文本数量的总体描述性统计见表5-1。31个省（自治区、直辖市）的省级层面平均发文数量为8.68个，发文数量最多为24个，最少为1个。可见，各省主动公开的发文数量存在较大差距，对政策及其公开的重视程度不均衡，有可能会影响到下级的执行。

---

① 罗春梅. 预算假设、预算申请与政府理财观误区——基于省级预算形成过程分析 [J]. 云南财经大学学报, 2009 (3): 132-137.

第 5 章 中国政府推进预算绩效管理的政策及其执行评价——基于地方政府视角

表 5-1　政策文本数量的总体描述性统计

平均	中位数	众数	最小值	最大值	求和	观测值
8.68	7	7	1	24	269	31

从发文年份的数量来看，2011—2018 年各年的发文数量统计结果如图 5-1 所示。就省级政府层面而言，从整体来看，各年份发文数量除 2012 年以外都处于较高水平，平均每年发文 34 份，体现出地方政府积极响应国家政策，开展预算绩效管理。其中发文最多的年份是 2015 年，共有 44 份，最少的则为 2012 年，仅为 14 份。2015 年发文数量增加的主要原因考虑是中国 2015 年完成了《预算法》的修改并开始实施。2012 年发文数量较少的原因可能是财政部 2011 年发布第 416 号文件后，各省份处于政策理解消化期，所以发文数量相对较少。

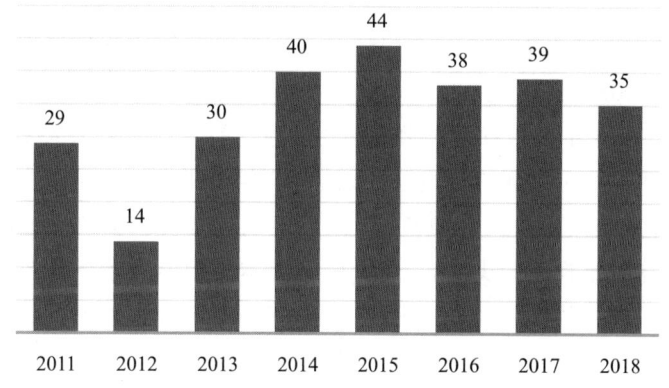

图 5-1　政策文本数量年度数量汇总

从收集到的各省主动公开的文本数量来看，各个省份的发文数量统计数据如图 5-2 所示。其中，湖北省发文数量最多，为 24 个，河南省最少，仅为 1 个。需要说明的是，对这些文本的搜集是以官方网站公开的文件为对象，可能有的省份实践工作开展得较为丰富，但是相应的文件没有公开披露，不过也说明缺乏一定的政策透明度，社会公众无法通过政府门户网站直接查阅。

从发文部门来看，主要有省级人大、人民政府和省财政厅，数量分别为 4 个、47 个和 218 个，见表 5-2。各部门发文数量占总文本数量比例分别为 2%、17% 和 81%，可见，省级财政厅为主要发文部门。

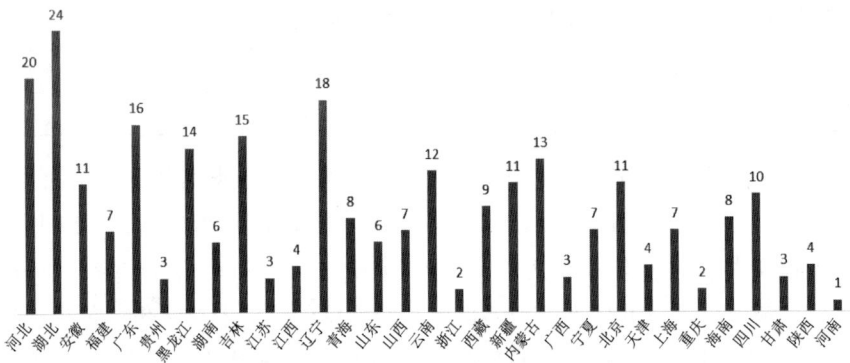

图 5-2 各省份政策文本数量对比汇总

表 5-2 政策文本发文部门统计结果

发文部门	省人大常委会	省人民政府	省财政厅	总计
发文数量	4	47	218	269

表 5-2 中，省人大常委会会议通过了 4 部预算绩效管理的地方性法规文件，具体是：2013 年黑龙江省人大常委会会议通过的《关于加强预算绩效监督的决定》；2016 年广东省人大常委会会议通过的《广东省人大常委会开展预算资金支出绩效第三方评价实施办法》；2017 年贵州省人大常委会会议通过的《贵州省预算审查监督条例》；2017 年湖北省人大常委会会议通过的《关于进一步推进预算绩效管理的决定》。此外，在文本的搜索过程中还发现省级人大常委会批准了市级的绩效管理条例，例如，2015 年浙江省人民代表大会常务委员会通过的《关于批准〈杭州市绩效管理条例〉的决定》，2018 年山东省人民代表大会常务委员会《关于批准〈济南市绩效管理条例〉的决定》，表明地方立法机构积极参与财政管理，人大预算绩效监督工作不断创新，共同推动财政监督的法制化建设。省级财政部门是预算绩效管理的领导主体，发文数量最多。财政部 416 号文是国家财政部文件，到地方层面由省级人民政府参与到发文中，体现政府对预算绩效管理的重视。

2. 政策发文属性分析

从省级发文的类型来看，主要集中在"办法""意见""方案""通知"和"规程"等，"其他"类型中包含"标准""细则""框架""体系""决定""规范""指南""条例""报告""规划"和"函"。不同发文类型的具体数量见表 5-3。"办法"的数量较多，说明地方政府在预算绩效管理内容的细节指导上投入了精力，力求明确政策的各项要求，便于操作。

表 5 - 3　　　　　政策文本主要发文类型的数量汇总

发文类型	办法	意见	方案	通知	规程	其他	合计
发文数量	161	35	20	19	13	21	269

各省除了出台预算绩效管理的总领性文件外，还就预算绩效管理过程中的各个环节做出了具体的规范，包括绩效目标、绩效监控（跟踪）、绩效评价和绩效结果及其应用，文件个数分别为 28 个、16 个、41 个和 34 个，详见表 5 - 4。通过发文类型的数量来看，省级层面在预算绩效管理的四个环节中重视程度依次为绩效评价、结果及其应用、目标和监控（跟踪）。绩效评价发文数量最多，体现出绩效评价作为绩效管理的核心环节和重要作用，发文数量明显紧跟国务院、财政部的发文内容，说明省级政府对中央政策文件的理解力和执行力较强。但绩效监控（跟踪）环节的规范数量相对较少，说明在预算执行绩效跟踪指导上明显薄弱。

表 5 - 4　　　　　政策文本发文类型二的数量汇总

绩效内容	绩效目标	绩效监控（跟踪）	绩效评价	绩效结果及其应用	绩效指标	社会力量	总计
发文数量	28	16	41	34	8	48	175

此外，还发现绩效指标的规范也有具体文件，发文数量为 8 个，主要是指标库的建设。省级人大和政府部门对绩效评价主体中的社会力量（包括第三方机构、中介机构、专家和智库）的参与也进行了规范，发文数量达到了 48 个，涉及 25 个省，表明政府部门对社会力量专业性的认可，引导其参与到地方政府预算绩效管理中去，尤其是重大政策和项目的绩效评价。例如，国家投入大量的扶贫资金用于扶贫攻坚，在脱贫成效考核中，河北、山东、河南、广东等多数省份引入了社会力量进行第三方绩效评估，发挥财政外部监督的作用。

5.1.3　政策发文内容分析

为了评价地方政府发布的预算绩效管理政策与中央政策的一致性和有效性，有必要对地方发文的内容进行分析。内容分析的对象是从省级层面出台的 269 份预算绩效管理政策文件筛选出的 22 个总领性文本，见附录 1。筛选的原则包括：一是全面性原则。文本内容对预算绩效管理的理念、方法、绩效管理过程以及实施的保障措施基本都有详细的指导规范，尤其是预算流程和绩效管理的各个环节的深入融合，比财政部416号文更具有操作性。二是权威性原则。文本的发布单位以权威发布机构的文件为筛选对象，一半以上集中在省级人民政府发文，还包括省级人大常委会，体现党和政府对实施预算绩效管理的高度重视。

对政策文本进行内容分析，采用的工具是NVivo软件，因其强大的编码功能，该软件被广泛应用于质性研究。它的原理是通过编码由表及里地发现文本中的特点及规律。编码体系是由一个个的节点构成的，节点是文章主要内容的凝练或感兴趣的特定课题、地点等其他方面参考点的集合。编码是将相关的信息归入节点并不断分析归纳的过程，即节点是存放编码的容器。

编码理论主要有两种。一种是从下往上进行编码。先在原始资料上进行开放式编码以建立自由节点，在此基础上进行轴向编码，后进行选择式编码，通过三级编码将自由节点整合成树状节点，形成系统的分析框架，得出研究结论。另一种编码理论是从上往下进行编码。在进行编码之前一般有既定的分析框架，根据分析维度确立树节点，再根据文件的关键词或感兴趣的热点建立子节点，最后将反映预算绩效管理的信息也就是参考点归入相应的节点下，建立"树节点—子节点—参考点"的编码层级。因政策文本内容有明确清晰的分析框架，故选择后一种编码理论。

根据对预算绩效的理解，确立了预算绩效"管理思想""实施环节""绩效指标""绩效方法""参与主体"和"保障措施"6个维度，以此确立为树节点。通过阅读22份政策文本内容，对节点进行深入挖掘。在确立子节点的过程中，为避免编码的盲目性和随意性，首先进行所有材料来源的高频关键词统计，避免遗漏重要内容。在编码的过程中，为保持节点组间差距大，组内差距小，借助节点聚类分析等方式，不断地对节点体系进行整合调整。例如，将原先"价值理念"节点下的"节约"删除，因为这与"重要意义"节点下的"控制节约成本"无论从单词重复性和编码重复性来看，都具有较高相似性。删除后，最终形成简洁版编码。此外，借助查询选项卡中的"文本搜索"功能，对重要节点进行逐一搜索，防止遗漏，以保持编码体系的完整性，共完成手动编码1281条。

1. 高频词汇分析

对文本中的字词进行频次统计，可以反映所研究主题相关信息的特点和趋势。为了整体把握这22份政策文本内容，为后续的节点建立提供参考，首先对政策文本进行词频分析，统计文本中的高频词汇。用一种直观的图示——

"词语云"来表现,如图 5-3 所示。"词语云"中关注度与单词的大小成正比,字体越大,频次越高。

图 5-3 高频词汇"词语云"

如图 5-3 所示,当设定最小词汇长度为 2 时,得到加权百分比在 0.6% 以上的高频词汇有"绩效(6.84%)""预算(5.24%)""管理(3.8%)""部门(3.24%)""评价(2.54%)""财政(1.96%)""目标(1.68%)""工作(1.34%)""项目(1.27%)""支出(1.12%)""政府(1.06%)""资金(0.96%)""单位(0.71%)""建立(0.7%)""实施(0.68%)""指标(0.66%)"和"推进(0.63%)"。"绩效""预算"和"管理"频次位列前三。当设定最小词汇长度为 3 时,出现频次较高的词汇有"人民政府""财政厅""省政府""办公厅""财政性""进一步""国务院""科学化""国民经济""经济性""规章制度""财政部""代表大会""可行性""常委会"和"科学性"。由此可见,人民政府、财政部门是政策文本的主要发文单位。

2. 材料来源聚类分析

聚类分析是将具有相似选定特征的材料聚类到一起,探索各文本之间的相似性。相似度越高,编码结果越具代表性。以单词相似性作为聚类依据,使用 Pearson 相关系数作为相似性度量,结果如图 5-4 所示。

从图 5-4 中可以看到,只有吉林政发 2015 文件与其他文件不在同一个分支,说明吉林政发 2015 文件与其他省份在内容上可能有较大差异,其余文件都具有较大相似性。各文件两两组合,共形成 231 组对比文件,Pearson 相关系数平均值为 83.32%。整体来说,各文件之间的相似度较高,具有较强的相关性。

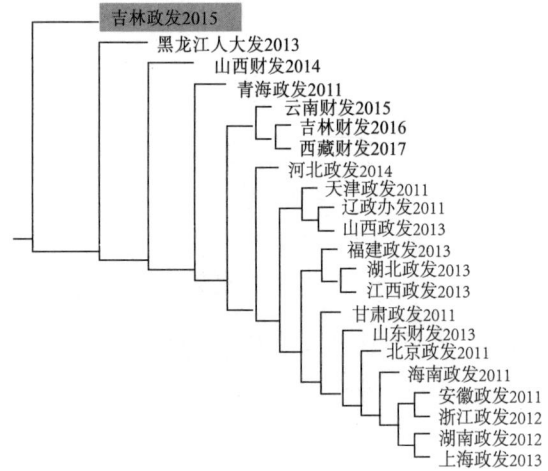

图 5-4 材料来源聚类分析

3. 编码覆盖率

编码完成后,利用 NVivo 软件的查询功能对编码覆盖率进行统计。编码覆盖率是指所编码的文字占总字数的比例。编码覆盖率越高,编码体系越全面和具有代表性,研究结果越具有代表性。具体编码覆盖率如图 5-5 所示。编码覆盖率最高值为 71.55%,最低值为 24.54%。编码覆盖率平均值为 55.49%,说明编码体系整体具有较强覆盖率。

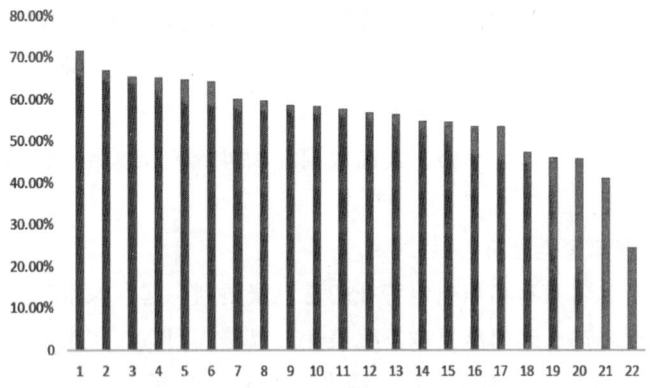

图 5-5 编码覆盖率

4. 预算绩效管理思想分析

对 22 份政策文本的预算绩效"管理思想"维度编码结果见表 5-5,其中参考点代表某一节点编码的频次。

第 5 章　中国政府推进预算绩效管理的政策及其执行评价——基于地方政府视角

表 5-5　　　　　　　　　预算绩效管理思想参考点列表

维度	一级关键词	二级关键词	参考点
预算绩效管理思想	重要意义	提高财政资金使用效益	19
		优化资源配置	18
		提高公共服务水平	18
		提高公共产品质量	15
		改进预算管理	14
		控制节约成本	14
		深化行政体制改革	9
		加快经济发展方式	7
		促进政府职能转变	4
	价值理念	责任	21
		民生	18
		透明	17
		高效	12
		客观公正	11
		科学发展观	11
		和谐社会	7
		服务	6
		阳光	5
		务实	3
		法治	3
		清廉	2
		科学理财观	2

表 5-5 中,"重要意义"中的二级关键词频次由高到低依次是"提高财政资金使用效益""优化资源配置""提高公共服务水平""提高公共产品质量""改进预算管理""控制节约成本""深化行政体制改革""加快经济发展方式"和"促进政府职能转变",频次分别为 19、18、18、15、14、14、9、7 和 4,强调预算绩效管理是以提高财政资金使用效率为导向的预算管理模式。"价值理念"中的频次按高低排序,二级关键词依次是"责任""民生""透明""高效""客观公正""科学发展观""和谐社会""服务""阳光""务实""法治""清廉"和"科学理财观",频次分别为 21、18、17、12、11、11、7、6、5、3、3、2 和 2。其中,频次在 10 以上的为"责任""民生""透

明""高效""客观公正"和"科学发展观",频次较低的有"务实""法治""清廉"和"科学理财观"。"务实"只出现在福建、山西、天津三个政策文本中。"法治"在吉林(2015)、山东和上海这三个文件中提到。"清廉"只在山东和福建的政策文本中提到。"科学理财观"仅在吉林(2015)和浙江两个省份的文件中出现。可见,绩效的价值理念紧跟中央政策文件精神,将预算绩效政策文本内容公开地呈现给社会公众,对政策文本进行内容分析,发现价值理念更加多维,强调在提高政府责任意识的基础上,更加关注民生,建立透明、高效的政府。

5. 预算绩效管理实施环节分析

对22份政策文本关于预算绩效管理"实施环节"的内容分析如图5-6所示。

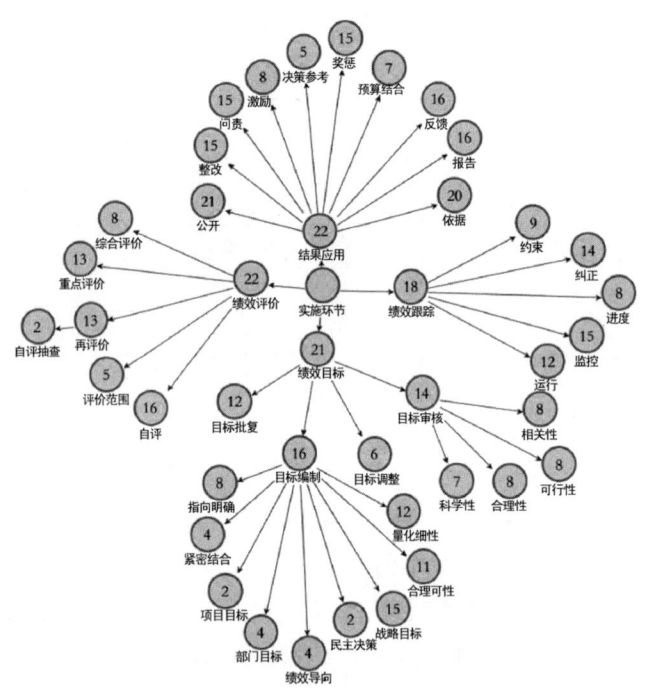

图5-6 "预算绩效管理实施环节"内容分析图

鉴于预算绩效实施环节层次较多,为对预算绩效进行深入分析,本环节有三层或四层编码层级。"预算绩效管理实施环节"下的一级节点为"绩效目标""绩效跟踪""绩效评价"和"结果应用",频次依次为21、18、22和22。"绩效目标"只有吉林(2015)文本中没有提到,通过材料来源聚类分析也可以看出吉林（2015）文件与其他文件存在较大差异，但这并不代表吉林省政府没有政策去具体贯彻落实。吉林省政府提出了实行中期财政规划管理，并且吉林（2016）文件中提到了绩效目标管理。"绩效跟踪"只在甘肃、黑龙江、吉林（2015）、山西等文本中没有出现，但是山西和吉林分别在2013年和2016年的文本中提到绩效跟踪。下面对预算绩效实施环节各次级节点进行具体分析。

（1）绩效目标。

"绩效目标"下的次级节点为"目标编制""目标审核""目标批复"和"目标调整"，频次依次为16、14、12和6。"目标编制"下又包括"战略目标""部门目标""项目目标""量化细化""合理可行""指向明确""绩效导向""紧密结合"和"民主决策"9个次级节点，频次依次为15、4、2、12、11、8、4、4和2。大多数省份均提到了"战略目标"的编制，即政府预算绩效目标的编制要综合考虑国民经济的发展、部门职能及发展规划，科学合理地编制预算绩效目标，制定中长期战略目标。"部门目标"只在海南、辽宁、云南等省份提到，要求编制部门整体支出绩效目标，围绕部门目标编制预算绩效计划。"量化细化"节点在安徽、河北、湖北、吉林（2016）、辽宁、青海、山西、上海、西藏、云南、浙江省份中提到，要求绩效目标的编制应尽量定量表述，从质量、成本、数量方面进行细化，对于无法定量表述的目标，进行分层定性描述。"指向明确"提出目标的编制要符合国民经济及部门规划等发展方向。频次最小的为"民主决策"，只出现在北京、海南的政策文本中。目标编制中高频次提到"战略目标"，其在目标编制节点下所有次级节点中的频次最高，体现绩效目标以战略目标为最高导向。

"目标审核"下有"相关性""可行性""科学性"和"合理性"4个次级节点，频次分别为8、8、7和8，频次普遍不高。用于目标审核的四个原则体现在目标的设定首先要与部门规划、职能相关，为实现目标所采取的措施现实可行，为评价目标的实现所采取的指标能够科学合理地反映目标的达标情况，为实现预算绩效目标所申请的资金是否合理，有无虚增资金的情况。福建、湖北、江西、山西、上海均提到了"相关性""可行性""科学性"和"合理性"这4个性质。在其他提到目标审核原则的省份中，西藏只有"科学性"没有提及，浙江只有"可行性"没有提及，吉林提到了"相关性"和"可行性"，辽宁提到了"科学性"和"可行性"，海南只提及了"合理性"。

"目标批复"和"目标调整"的频次分别为12和6。"目标批复"强调预算经同级人大批准后，财政部门应及时批复绩效目标。"目标调整"在湖北、吉林（2016）、山西、上海、西藏、云南等省份中出现，文件中提到批复的预算绩效目标一般是不允许调整的，除非出现重大自然灾害等情况。若确实需要调整的，应按绩效管理的要求及程序，重新报告批准。

（2）绩效跟踪。

"绩效跟踪"下分为"纠正""进度""约束""监控"和"运行"这五个次级节点，频次分别为14、8、9、15和12。频次最高的为"监控"，即在项目实施过程中，要监控资金支出是否按照预算绩效目标运转，要定期采集运行信息进行分析。"监控"出现在安徽、北京、福建、海南、河北、湖北、湖南、吉林、江西、辽宁、山东、山西、上海、西藏、浙江等省份。其次是"纠正"，强调在预算执行过程中与绩效目标发生偏差时，要及时采取措施予以纠正。"纠正"一词出现在的省份中，相比于"监控"而言，少了北京、山东，多了云南。"进度"是指掌握项目实施进度和资金支出进度，"进度"在安徽、福建、河北、湖北、江西、山东、上海、浙江等省份中出现。"约束"是指建立约束机制，硬化资金约束，保障资金正常运行。"约束"主要出现在海南、湖北、湖南、吉林、青海、山东、上海、云南、浙江9个省份。"运行"是指要跟踪绩效运行情况，"运行"主要出现在安徽、北京、河北、湖北、湖南、吉林、江西、辽宁、山西、上海、西藏、浙江等省份。

（3）绩效评价。

"绩效评价"节点下有"自评""再评价""重点评价""综合评价"和"评价范围"这5个次级节点，频次依次为16、13、13、8和5。其中，"再评价"节点下又提到了"自评抽查"，频次为2，只在青海、浙江两省的文本中出现。"再评价"在安徽、湖南、山东、上海的政策文本中的表述是"必要时对预算绩效自评实施再评价"，在北京、吉林、青海、山西、西藏的政策文本中的表述为"根据工作需要组织实施再评价"。"重点评价"在文中的基本表述为"对于金额重大、社会影响广泛、具有公共效益的重大项目进行重点评价"。"综合评价"在福建、湖北、湖南、江西、山东、山西、上海、西藏等省份的政策文本中被提到，主要是指省级财政部门要开展对市、县级财政支出的评价，同时也要开展各级财政部门对本级预算部门、各级预算部门对下属单位支出的综合评价。"评价范围"的扩大在安徽、黑龙江、湖北、江西、山东等文本中被提到。可见，绩效评价更加全面，范围从部门自评到再评价，再到对金额重大、影响广泛、关系国计民生的项目进行重点评价。

(4) 绩效评价结果应用。

绩效评价结果应用是预算绩效实施环节中的最后一环，是预算绩效执行的最终归宿与落脚点。"结果应用"下有"公开""依据""反馈""报告""整改""问责""奖惩""激励""预算结合"和"决策参考"10 个次级节点，频次依次为 21、20、16、16、15、15、15、8、7 和 5。几乎所有政策文本中均提到"公开"和"依据"，表明各省级政府重视绩效信息依法向社会公开，接受社会监督，并将预算绩效评价结果作为以后年度的预算依据。"反馈"在安徽、福建、甘肃、海南、湖北、湖南、吉林、江西、辽宁、山东、山西（2014）、山西（2013）、上海、西藏、云南、浙江等省份被提到，应将评价结果及时反馈给预算执行单位，以便被评价单位及时改进预算管理。"报告"是指绩效报告机制的建立，年度预算结束后，各级预算部门要向财政部门以及下级财政部门要向上级财政部门提交报告，说明预算执行情况。"报告"只有甘肃、河北、吉林（2015）、辽宁、天津、云南等省份的文件中没有提到，但不排除在这些省份其他文件中被提到的可能。

"整改""问责"和"奖惩"均被提及 15 次。"整改"是指对于绩效不达标或结果较差的单位，责令限期整改，同时还要将整改信息上报财政部门。吉林（2016）、山西（2014）、天津等省份的主要表述为对于整改不到位或者不进行整改的单位，对以后年度的资金安排予以削减，直至取消资金安排，在剩余的其他省份中，并没有提到取消资金安排的处罚。"问责"是指"谁干事谁花钱，谁花钱谁负责"的权责机制，安徽、北京、福建、甘肃、海南、河北、黑龙江、湖北、湖南、吉林、江西、山东、上海、云南、浙江等省份的文本均提到建立绩效问责机制。"奖惩"指对于表现好的单位给予奖励，可对其优先安排预算资金；"激励"是指在奖惩明确的基础上，突出激励，建立激励机制。"奖惩"比"激励"频次要高。

"预算结合"是指将评价结果与加强预算管理相结合，包括科学合理安排预算支出、调整支出结构以及加强制度建设等，在安徽、福建、江西、山东、上海、西藏、浙江等省份中提到。"决策参考"是将评价结果作为政府以后决策的参考，频次最少，只在福建、湖南、辽宁、山西、浙江等省份中提到，说明对绩效结果应用于政府和预算管理决策参考的重视程度较低。

在对预算绩效管理所有实施环节的分析中，可见绩效评价结果应用的规范比较全面，包括依法向社会公众公开，反馈整改，建立激励约束制度、奖惩问责制度，将预算绩效评价结果与预算编制紧密结合，将评价结果作为以后年度的重要依据,以此提高财政资金使用效益,控制节约成本,为政府的决策提供参考。

6. 预算绩效指标分析

预算绩效指标是定量或定性衡量绩效目标的完成程度,事关绩效评价结果质量可靠性高低。预算绩效指标维度的分析如图 5-7 所示。

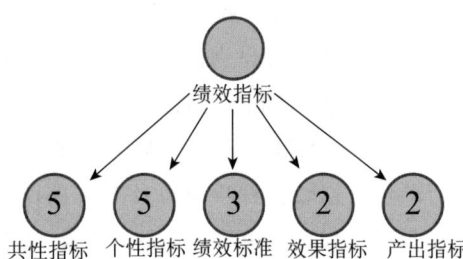

图 5-7 预算绩效指标统计分析图

图 5-7 显示,"绩效指标"节点下又有"共性指标""个性指标""绩效标准""效果指标"和"产出指标"5 个次级节点,频次分别为 5、5、3、2 和 2。"共性指标"和"个性指标"都仅在吉林(2016)、青海、山西、天津、西藏等省份中出现。"绩效标准"在吉林(2016)、山西、西藏等省份的文件中出现。绩效标准是指设定绩效指标时所参考的依据或标准。"效果指标"在吉林(2016)和西藏的文件中出现,反映的是绩效预算支出的效益。"产出指标"只在吉林(2016)和西藏的文件中出现,主要是衡量数量、质量和成本等方面的内容。绩效指标的政策文本总体涉及不多。

7. 预算绩效方法分析

绩效方法是预算绩效管理执行者进行科学合理判断绩效水平的重要工具,对预算绩效方法的内容分析如图 5-8 所示。

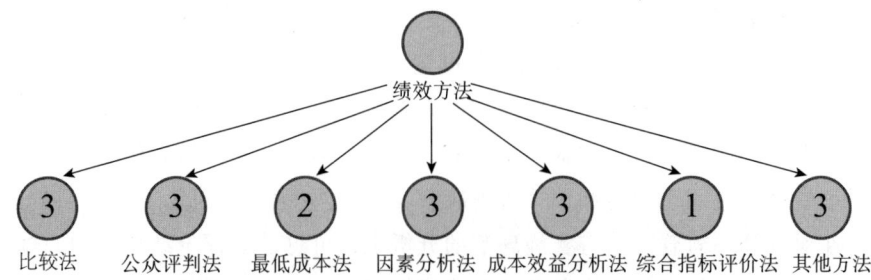

图 5-8 预算绩效方法统计分析图

"绩效方法"节点下分为"比较法""公众评判法""最低成本法""因素分析法""成本效益分析法""综合指标评价法"和"其他方法"7个次节点,频次分别为3、3、2、3、3、1和3。这些方法只在吉林(2016)、山西、西藏等省份中出现。"最低成本法"只在吉林(2016)和西藏中出现,"其他方法"虽在吉林(2016)、山西、西藏等省份中提到,但并未明确说明是哪些方法。绩效方法的内容在文本中整体出现的频次也较少,受重视程度明显不够。

预算绩效指标与预算绩效方法的节点,在政策文本中均被提及的次数较少。指标与方法作为绩效评价的具体手段,检验预算绩效目标和执行的完成程度,是绩效信息可靠性和科学性的重要保证。因此,后期应加大绩效指标和绩效方法的具体指导,使基层政府执行更加具有操作性。

8. 预算绩效参与主体分析

国家治理推崇多元化的治理主体并综合协调多元治理主体之间的关系,政府预算绩效管理也是多元主体参与的管理模式。预算绩效参与主体的内容分析如图5-9所示。

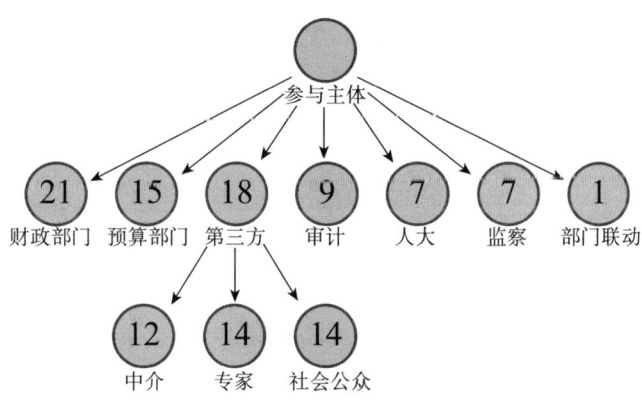

图5-9 预算绩效参与主体统计分析图

由图5-9可见,"参与主体"下的次级节点有"财政部门""预算部门""第三方""审计""人大""监察"和"部门联动",频次分别为21、15、18、9、7、7和1。"财政部门"是实施预算绩效管理的核心领导力量。"第三方"节点紧跟其后,其下又分为"社会公众""专家"和"中介",频次分别为14、14和12,强调要充分利用社会中介机构、专家及社会公众等第三方力量,参与预算绩效管理。"预算部门"是预算绩效管理政策的执行主体,事关政策实施的成败。"审计""人大"和"监察"出现的频次相对处于较低水平,只接近文本数量的一半。"部门联动"节点只在北京市的政策文件中出现。参与主体的确多元化,包括财政部门、预算部门、第三方、审计、人大、监察部门等,尤其是第三方参与力度加大,增加评估结果的客观公正性,但部门间的协调联动机制还有待加强。

9. 预算绩效管理保障措施分析

预算绩效管理保障措施是为推行实施预算绩效管理提供坚实后盾,减少阻力,扫清障碍。预算绩效管理保障措施内容分析如图 5-10 所示。

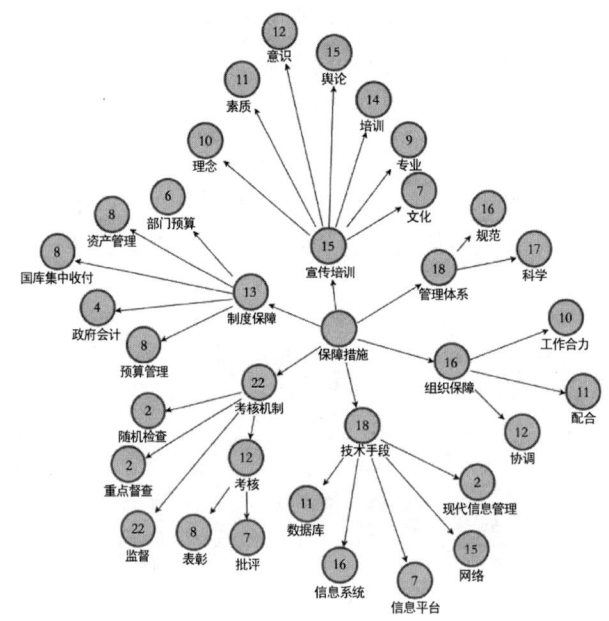

图 5-10 预算绩效管理保障措施统计分析图

图 5-10 中,"预算绩效管理保障措施"下有"组织保障""制度保障""宣传培训""管理体系""技术手段"和"考核机制"6 个次级节点,频次依次为 16、13、15、18、18 和 22。可以看出,对预算绩效进行考核仍然是最主要的保障措施。"组织保障"下有"配合""协调"和"工作合力"3 个次级节点,频次依次为 11、12 和 10。"制度保障"下主要有"资产管理""预算管理""国库集中收付""部门预算"和"政府会计",前三者频次均为 8,"部门预算"为 6,"政府会计"为 4。其中"政府会计"只在吉林、辽宁、山西、上海等省份政策文本中出现,尤其吉林省提到了建立权责发生制的政府综合财务报告制度。"宣传培训"节点下有"理念""素质""专业""培训""舆论""意识"和"文化"7 个次级节点,频次依次为 10、11、9、14、15、

12 和 7。频次最高的为"舆论",旨在为预算绩效管理的实施提供良好的舆论氛围,形成自觉的绩效文化。其次是"培训",为预算绩效管理的科学有效执行提供专业人才保障,频次为 14,说明人才建设成为政策推进的重要保障。"技术手段"节点下有"信息系统""数据库""信息平台""网络"和"现代信息管理"5 个次级节点,频次依次为 16、11、7、15 和 2。"考核机制"下有"监督""考核""随机检查"和"重点督查"4 个次级节点,频次依次为 22、12、2 和 2。对于考核结果好的单位予以奖励,考核不好的单位则通报批评。因此"考核"节点下又分"批评"和"表彰"两个节点,频次依次为 7 和 8。最后,"管理体系"下分"科学"和"规范"两个节点,频次为 17 和 16,旨在建立科学、规范、运转高效的管理体系,其中安徽省提出要建立具有安徽特色的预算绩效管理体系。

可见,保障预算绩效有效实施的措施比较全面,包括组织保障、制度保障、宣传培训、管理体系、技术手段、考核机制,以求全方位多角度地保障用财有道。全方位的保障措施是预算绩效改革顺利实施的坚强后盾。

综上,通过对 269 个文本的数量分析和 22 个文本的内容分析,结果显示地方政府已充分认识到预算绩效管理对提升政府治理的重要性,发布政策向下级推进预算绩效管理。预算绩效管理是一个环环相扣的管理体系。在预算绩效管理的环节上,地方政府对绩效目标、绩效跟踪、绩效评价及其结果应用进行了详细的描述,内容比 416 号文有较大的扩展和提升,深入领会预算与绩效的结合,并逐渐向西方的绩效预算管理模式靠拢。政府管理者致力于达到绩效目的和施政方向,并愿意为之目标的实现承担责任。

5.2 地方政府推进预算绩效管理实施的问卷分析

5.2.1 研究基础

政府发布的政策属于制度范畴,制度是用以协调、规范人与人之间行为的规则,不仅包括正式制度,还有非正式制度和实施机制。2018 年 9 月,中共中央、国务院发布的《关于全面实施预算绩效管理的意见》中明确提出,要建立全方位、全过程、全覆盖的预算绩效管理体系,学术界普遍认为全面实施的关键是落实。在此之前，国家财政部自 2011 年发布了 416 号文后至今，地方政府及其财政厅陆续发布地方规范文件并推行预算绩效管理。地方政府是否有效地执行中央政策，执行效果如何，影响执行的因素有哪些，这些问题需要深入调查研究，认真梳理。

"正确的决策离不开调查研究"，是习近平在党的十九届一中全会上提出的重要论断。经过调查研究的决策不但符合客观实际，还具有较强的说服力。Moghrabi（2017）以美国已经制定了绩效预算法的德克萨斯州为例，对其 100 个抽样城市开展一项网络调查，评估绩效预算的实施。[①] 胡奕明（2012）对中国 28 个省市区域进行政府绩效评价体系的问卷调研，分析出最可能影响政府绩效评价有效性的 5 个因素[②]。因此，本文以 416 号文为元政策，向地方政府政策执行人员发放问卷，获取一手的调查数据，之后总结经验，用调查结果来说明问题，有针对性地提出优化意见。

5.2.2 调查对象和问卷设计

问卷的调查对象为河北省省级以下政府部门或单位从事绩效管理相关工作的公务人员。河北省省级的预算绩效管理工作开展较早。中国政府自 2003 年引入政府绩效管理，河北省就于 2004 年率先在全国出台相关方案，从次年起，便拉开预算绩效管理改革试点工作的帷幕。河北省对中央政策和西方绩效预算管理的理解比较深刻，尤其是将绩效管理与预算管理相结合，研究制定各项改革制度办法，为顺利推进绩效预算管理提供制度保障和操作标准。通过省政府、省财政厅和市级部门等官网，搜集到 2011—2018 年省级层面公开公布的政策文件有 20 个，均采用西方的"绩效预算"概念进行发文，说明了河北省对预算绩效管理改革的重视程度。

问卷目的是调查地方政府官员所在部门或单位是否正在有效地推进中央和地方的预算绩效管理政策，内容分为四个部分：第一部分是被调查者的基本情况，包括其工作部门或单位的级别、工作年限、学历和专业背景；第二部分是相关政策文件的发布和学习情况；第三部分是预算过程（预算申请、预算审批、预算执行和预算评审）与绩效管理过程（绩效目标、绩效跟踪、绩效评

---

① Hijal - Moghrabi Imane. The current practice of performance - based budgeting in the largest U. S. cities: an innovation theory perspective [J]. Public Performance & Management Review, 2017, 40 (4): 652 - 675.

② 胡奕明. 审计与政府绩效评价研究 [M]. 上海：上海交通大学出版社，2012：160 - 185.

价和绩效评价结果及其应用）的结合程度、绩效指标来源、绩效方法使用和四本预算的绩效管理覆盖情况；第四部分是实施预算绩效管理后带来的影响以及执行中存在的问题。问卷内容详见附录2。

问卷的发放借助了问卷星技术平台，问卷ID号为36603983，问卷链接为https://www.wjx.cn/jq/36603983.aspx。问卷发放具有针对性，面向河北省省直机关以及沧州、保定、石家庄、衡水和邯郸等市级（含市级）以下财政系统和税务系统公务人员。问卷共收回205份，剔除无效问卷后剩余201份，问卷回收有效率为98%。

5.2.3 问卷结果统计分析

本问卷结果通过了问卷星软件系统里的信度分析，研究数据信度质量高，可用于进一步分析。数据结果具体分析内容如下。

1. 被调查者情况分析

（1）被调查者所在部门或单位的级别。

为了调查预算绩效管理政策在地方各级政府执行的真实情况，有必要统计被调查者所在政府部门或单位的级别，如图5-11所示。

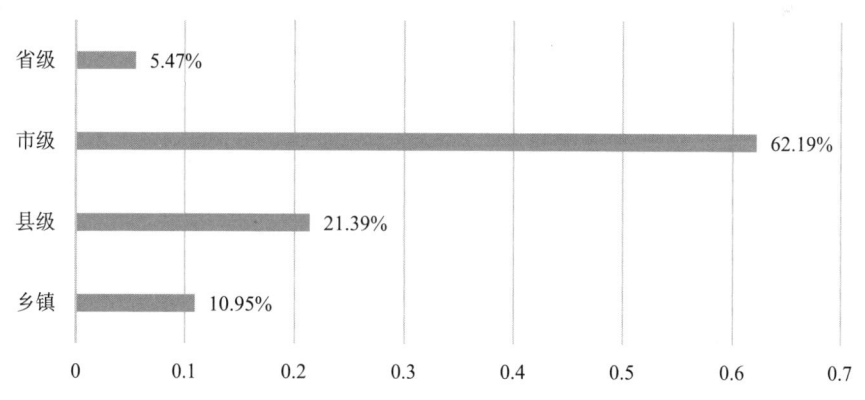

图5-11 被调查者所在政府部门或单位的级别比例

从图5-11中可以看出，被调查者所在政府部门或单位的级别，从省级、市级、县级到乡镇占比分别为5.47%、62.19%、21.39%和10.95%，并且主要集中在市级、县级和乡镇，其中市级占比最大，达到62.19%。问卷在一定程度上能反映出地方政府部门和单位政策执行者的经验和真实意见，符合问卷设计的初衷。

(2) 被调查者的学历和专业背景。

被调查者学历结构详见表 5-6。统计显示被调查者学历都在大专以上，其中，博士 1 人，仅占 0.49%；硕士 46 人，占比为 22.89%；本科 137 人，人数最多，占比达到 68.16%；其余都是大专学历，占比为 8.46%。本科学历以上占比达到了 91.64%。此外，被调查者中有 159 人具有经济管理相关的专业背景，占比在 79.1%。这些结构比例分布，说明大多数被调查者的受教育层次较高，思想上对绩效理念和方法更易认同和理解，也为预算绩效管理政策的推行和实施提供了坚实的人才储备。

表 5-6　被调查者学历结构

选项	选项数量	所占比例（%）
博士	1	0.49
硕士	46	22.89
本科	137	68.16
大专	17	8.46
高中	0	0
初中及以下	0	0

从被调查者从事现职时间来看，任现职以来达到 5 年以上的被调查者达到 67.66%，详见表 5-7。这说明被调查者长期从事或参与预算绩效管理工作，对其政策实施执行过程或效果情况相对比较熟悉。

表 5-7　被调查者从事现职时间

选项	选项数量	所占比例（%）
1 年之内	3	1.49
1—3 年	34	16.92
3—5 年	28	13.93
5—以上	136	67.66

2. 预算绩效管理实施效果分析

(1) 预算绩效管理过程分析。

预算绩效管理的核心就是将绩效管理的理念和方法融入财政预算管理中去。预算管理和绩效管理这两种管理模式的融合不是简单的叠加，而是"像 DNA 一样"，使两者的每个环节能对接上，各环节的绩效信息为预算流程服务，即预算的编制有目标、执行有监控、评审有结果和应用。因此，围绕这两种模式的融合来设计问卷题目，调查地方政府预算各阶段和绩效管理环节的结合程度，详见表 5-8。

表 5-8　被调查者所在部门或单位预算绩效政策执行情况

选项	全部		大部分		少部分		没有	
	选项数量	所占比例	选项数量	所占比例	选项数量	所占比例	选项数量	所占比例
对重大政策和项目开展了事前绩效评估	73	36.32%	39	19.4%	49	24.38%	40	19.9%
在预算编制阶段，同时编制绩效目标的范围	109	54.23%	46	22.89%	26	12.94%	20	9.94%
报送的绩效目标具体量化程度	90	44.78%	57	28.36%	38	18.91%	16	7.95%
申请预算时参考绩效目标的程度	72	35.82%	60	29.85%	44	21.89%	25	12.44%
预算执行的同时进行绩效监控	64	31.84%	57	28.36%	44	21.89%	36	17.91%
在预算的评审阶段，自我绩效评价覆盖范围	69	34.33%	57	28.36%	44	21.89%	31	15.42%
在预算的评审阶段，外部绩效评价覆盖范围	50	24.88%	53	26.37%	58	28.86%	40	19.89%
绩效评价结果报告对外公开程度	65	32.34%	39	19.4%	50	24.88%	47	23.38%

在预算编制阶段，开展绩效目标的编制，问卷设置了"对重大政策和项目开展了事前绩效评估""在预算编制阶段，同时编制绩效目标""报送的绩效目标具体量化程度"和"申请预算时参考绩效目标的程度"4个题目。统计结果显示，有36.32%的被调查者认为所在部门或单位对重大政策和项目开展了事前绩效评估，有19.9%的被调查者认为没有开展；有54.23%的被调查者认为所在部门或单位在预算编制阶段，同时编制绩效目标，但仍有9.94%的被调查者认为没有同时报送；对绩效目标的具体量化程度上，44.78%的被调查者所在部门或单位全部达到具体量化；有35.82%的被调查者所在部门或单位在申请预算时全部做到参考绩效目标。这4道题目中，执行情况最好的是"在预算编制阶段，同时编制绩效目标"，说明"预算编制有目标"环节做得较好。

在预算执行阶段,开展绩效监控或绩效运行。从表 5-8 看,31.84% 的被调查者认为所在部门或单位在预算执行的同时进行了绩效监控,但仍有 17.91% 的被调查者认为没有开展绩效监控工作。

在预算评审阶段,财政部门和预算部门单位进行绩效评价,表现为内部和外部的绩效评价。在内部评价的自我评价上,有 34.33% 的被调查者认为所在部门或单位全部实现自我评价,而 21.89% 和 15.42% 的被调查者认为只有少部分或根本就没有开展,说明自评工作覆盖范围还需要继续扩大。在外部评价上,仅有 24.88% 的被调查者认为所在部门或单位全部实现外部评价,相比内部评价而言比例较低,这与社会力量参与地方政府绩效管理规范性文件数量和政策意图不相符合 19.89% 的被调查者认为所在部门或单位没有外部绩效评价,说明外部评价的覆盖范围也有待扩展。绩效评价结果报告公开,体现了社会公众的知情权。有 32.34% 的被调查者认为所在部门或单位已全部公开,19.4% 的意见是大部分得到公开,24.88% 和 23.38% 的意见只有少部分或没有公开,说明绩效信息公开力度不大,可能会影响财政透明度的提升。

绩效评价结果一般以绩效报告的形式呈现,被调查者对绩效报告信息的信任度见表 5-9,"非常信任"有 44 人,占比 21.89%;"一般信任"有 128 人,占比 63.68%;"不太信任"有 23 人,占比 11.44%;只有 6 人不信任报告信息,占比 2.99%。被调查者对绩效报告信息的信任度在 85.57% 以上,说明绩效信息受到大部分被调查者的认可,但绩效报告信息总体质量还需要进一步提升。

表 5-9　　　　　　　　被调查者对绩效报告信息的信任

选项	选项数量	所占比例
非常信任	44	21.89%
一般信任	128	63.68%
不太信任	23	11.44%
不信任	6	2.99%

绩效评价结果应用是预算绩效管理的最后一个环节,也是最重要的环节。只有评价,没有应用,评价工作就毫无意义。绩效评价结果应用情况见表 5-10。

表 5 – 10　　　　　　　　绩效评价结果应用情况

选项	选项数量	所占比例
奖励（晋升、物质奖励等）	74	36.82%
问责（处分、罚款等）	53	26.37%
申请下期预算的依据	103	51.24%
其他（可填"不知道"或其他应用）	45	22.39%

统计数据显示，"申请下期预算的依据"的应用最多，有103人选择该项目，占比达到51.24%，说明绩效结果应用于申请下期预算，将预算与绩效进行结合，体现地方政府部门和单位对政策的理解比较到位，符合政策意图。其次是"奖励"和"问责"，分别有74人和53人选择相应选项。另有45人选择"其他"，其中，1人填写"按上级要求进行绩效评价"，1人填写"其他应用"，3人填写"不知道"，其余全部选择"无应用"。这说明绩效评价结果的应用机制还不健全，激励和问责等应用程度不足一半，尤其是对绩效评价结果的应用缺乏有效的问责机制，这样会导致绩效评价流于形式，失去价值所在。以后还需要进一步规范引导，使绩效评价结果发挥应有的作用。

（2）预算绩效管理覆盖范围分析。

审计署在向全国人大常委会做出的中央预算执行和其他财政收支的审计工作报告中，连续两年（2016年度和2017年度）指出了"预算绩效评价覆盖面小"的问题。除了一般公共预算支出，其他"三本预算"支出占全部政府预算支出的比重越来越高，有必要对省级以下地方政府部门或单位"四本预算"的绩效评价覆盖情况进行调查，详见表5–11。

表 5 – 11　　　　　被调查者所在部门或单位预算绩效评价覆盖情况

选项	是		否	
	选项数量	所占比例	选项数量	所占比例
对重大项目进行绩效评价	167	83.08%	39	16.92%
对本部门（单位）的整体进行绩效评价	150	74.63%	46	25.37%
对一般公共预算支出进行绩效评价	150	74.63%	57	25.37%
对政府性基金预算支出进行绩效评价	110	54.73%	60	45.27%
对国有资本经营预算支出进行绩效评价	94	46.77%	57	53.23%
对社会保险基金预算支出进行绩效评价	95	47.26%	57	52.74%

调查结果显示，有83.08%的被调查者认为本部门（单位）对重大项目进行了绩效评价，有74.63%的被调查者认为对本部门（单位）整体进行了绩效评价，有74.63%的被调查者认为对一般公共预算支出进行了绩效评价，覆盖面均在70%以上，但并没有实现全覆盖，尤其是部门单位的整体评价和一般公共预算支出。而另外的三本预算支出，即政府性基金预算支出、国有资本经营预算支出和社会保险基金预算支出绩效评价的覆盖面占比，分别为54.73%、46.77%和47.26%，明显偏低于重大项目、部门整体和一般公共预算支出的覆盖面，甚至不足一半。绩效管理在四本预算管理中，除了国有资本经营预算和社会保险基金预算，另外两本预算的绩效管理覆盖范围均达到50%以上。在《预算法》将四本预算统一纳入预算管理之后，对其绩效评价全覆盖的工作还没有及时跟进，所以，需要继续扩大部门（单位）整体和四本预算的绩效评价范围。

（3）预算绩效评价标准分析。

绩效评价方法是衡量绩效表现的重要手段，科学的方法可以提高绩效评价结果的客观性和准确性。针对政府部门发文说明的绩效评价方法，具体执行使用的情况详见表5-12。

表5-12　　　　　　　　　　绩效评价方法的应用

选项	选项数量	所占比例
成本效益法	83	41.29%
比较法	66	32.84%
因素分析法	58	28.86%
公众评判法	28	13.93%
标杆管理法	33	16.42%
其他（可填"不知道"或其他方法）	64	31.84%

从表5-12中可以看出，使用最为广泛的是"成本效益法"，有41.29%的被调查者所在部门（单位）使用。其次是"比较法"，有32.84%的部门（单位）使用。"因素分析法""标杆管理法"和"公众评判法"选项比例分别为28.86%、16.42%和13.93%，明显偏低。"公众评判法"的使用最少，说明政府部门（单位）对社会公众参与绩效评价的热情度不高。还有31.84%的被调查者选择"其他"，其中，2人填写了"其他办法"，其余全部为"不知道"，说明政府部门或单位执行人员对绩效评价其他方法的应有尚有不足，

需加强技能培训和宣传。

绩效指标是衡量绩效目标实现程度和绩效评价的标准。通过表5-13可见，有54.73%的被调查者认为绩效指标是由"本部门（单位）确定"，其次依次为"绩效目标计划""上级确定""与上级共同协商"和"绩效指标库"。绩效指标来源于绩效指标库的23.88%，而主要是由本部门（单位）确定绩效指标。此外，绩效指标的可协商性也说明上下级对绩效标准的选取具有科学性。"其他"中有两个意见是"根据政策"和"模板中选择"，其余28人填写了"不知道"。可见，绩效指标的选取更注重因地制宜地与自身部门或单位的实际情况相结合。

表5-13　　　　　　　　　　绩效指标的来源

选项	选项数量	所占比例
与上级共同协商	56	27.86%
上级确定	60	29.85%
本部门（单位）确定	110	54.73%
绩效目标计划	90	44.78%
绩效指标库	48	23.88%
其他（可填"不知道"或其他来源）	30	14.93%

综上可见，绩效方法的应用程度普遍不高，可能是执行人员对方法掌握不足。绩效指标的选取，不再依赖指标库，主要是结合本部门单位的实际确定和根据绩效目标确定。

（4）实施预算绩效管理后带来的影响分析。

财政部416号文指出实施预算绩效管理的目的是"改进预算管理、优化资源配置、控制节约成本、提高公共产品质量和公共服务水平"，那么，经过多年的实践，地方政府实施效果是否如期？因而特对此设计了问卷题目，详见表5-14。

表5-14　　　　　　　　预算绩效管理对预算使用的影响

选项	是		否	
	选项数量	所占比例	选项数量	所占比例
申报的预算数额是否有所减少	87	43.28%	114	56.72%
预算闲置金额是否有所增加	23	11.44%	178	88.56%
预算执行进度是否有所加快	141	70.15%	60	29.85%

表 5-14 显示，推行预算绩效管理后，有 43.28% 的被调查者认为所在部门或单位申报的预算数额有所减少，有 56.72% 的被调查者认为没有减少。这说明编制绩效目标对预算申请的约束作用已经显现，预算申报单位开始理性地思考预算申请与绩效目标的匹配程度，不再盲目地"多要钱"，注意控制节约成本。但是超过一半的被调查者还是认为预算申请数额没有减少，可能与公共需求刚性增长有关。审计署在审计报告中指出"中央本级财政资金闲置较多"（2012 年）、"各级财政均有大量资金结存未用"（2014）等问题。在推行预算绩效管理后，针对地方政府"预算闲置金额是否有所增加"这个问题，有 88.56% 的被调查者认为预算闲置金额并没有增加，只有 11.44% 的被调查者认为增加了。这说明大部分的预算资金被有效地利用，财政资源配置效率有所提高，预算资金闲置浪费现象正在好转，但还有少部分存在，不能放松对预算资金配置和管理的监控和跟踪。

预算执行进度是预算管理的重要方面，中央和地方财政部门发布加快预算执行进度的相关文件，审计部门在审计报告中对执行进度较为关注。有 70.15% 的被调查者认为预算执行进度有所加快，有 29.85% 的被调查者认为没有加快。这说明绩效管理有利于推进预算执行速度，但预算执行进度不能单靠绩效管理，可能会涉及预算是否按规定时限下达等预算管理的问题。可见，预算绩效管理政策的实施的确存在降低预算申请增幅、减少预算资金的闲置和加快预算执行的作用。

（5）预算绩效管理对部门管理的影响分析。

全面实施预算绩效管理是落实以人民为中心的发展思想的必然要求。[①] 但预算绩效管理是一个复杂的系统，不是单个部门就能做好的工作，而是需要上下级、内部部门的通力合作才能推进的任务。预算绩效管理对部门或单位的工作带来的变化和影响，详见表 5-15。

表 5-15　　　　　　　　预算绩效管理对部门管理的影响

选项	是		否	
	选项数量	所占比例	选项数量	所占比例
公众满意度是否正在提高	140	69.65%	61	30.35%
预算编制、执行和评审是否更规范	172	85.57%	29	14.43%
工作量是否显著增加	152	75.62%	49	24.38%
部门（单位）的内部冲突是否增加	72	35.82%	129	64.18%

---

① 肖捷. 全面实施预算绩效管理，提高财政资源配置效率［N］. 学习时报，2018-03-16.

实施预算绩效管理后,有69.65%的被调查者认为公众满意度正在提高,而有30.35%的被调查者认为没有提高。这说明公众对预算绩效管理的认可度和满意度正在提升,但还需要加大绩效理念的宣传,让人民切实体会政府致力于绩效改善所做出的努力。有85.57%的被调查者认为预算编制、执行和评审更规范,仍有14.43%的被调查者认为没有改变。这说明预算管理和绩效管理的对接比较成功,正因为有绩效的约束,预算过程才更加透明规范,有利于财政治理能力的提升。有75.62%的被调查者认为工作量在实行预算绩效管理时显著增加,有24.38%的被调查者认为没有新增工作量。结果符合问卷的预期,绩效管理的各个环节与传统的预算管理不同,是新引入的一种政府全过程预算管理模式,在预算申请阶段编制绩效目标,量化程度要求高,在执行阶段进行绩效监控(或跟踪),预算完成阶段进行绩效评审,评审完毕后出具绩效报告并应用,这些都是新增的工作量。有64.18%的被调查者认为预算绩效管理没有增加部门(单位)的内部冲突和矛盾,但有35.82%的被调查者认为增加了。这说明在组织体系上形成工作合力,大部分的部门单位能协同合作,但超过三分之一的被调查者认为增加了冲突和矛盾,影响了政府财政管理效率,需要进一步梳理部门关系。

(6)影响预算绩效管理政策执行的因素分析。

通过已有学术文献的阅读,笔者总结了中国预算绩效管理执行中存在的问题,例如顶层制度缺失、绩效指标体系不完善、绩效评价结果应用不足等。问卷对影响政策执行效果的主要因素进行梳理,设计多项选择题目,详见表5-16。

表5-16   影响预算绩效管理政策执行的因素

选项	选项数量	所占比例
相关法律法规滞后,缺少法律依据	72	35.82%
政策操作性不强,难以落地	112	55.72%
思想不重视,执行力度不足	96	47.76%
地方缺乏配套细则	102	50.75%
缺乏专业绩效信息分析人员	143	71.14%
绩效信息失真	52	25.87%
其他	7	3.48%

表5-16中被调查者的意见显示,选择"缺乏专业绩效信息分析人员"

的人数最多，达到143人，占比71.14%，成为最主要的影响因素，而不是预期的"缺少法律依据"。这说明地方层面在推进预算绩效管理过程中专业人才缺失严重，需要继续加大开展相关培训。"政策的操作性不强，难以落地"和"地方缺乏配套细则"，选择人数为112人和102人，占比分别为55.72%和50.75%。"思想不重视，执行力度不足""相关法律法规滞后，缺少法律依据"和"绩效信息失真"，分别有96人、72人和52人选择相应选项。在"其他"意见中，有两名被调查者填写到"激励太少""更注重形式而不是内容"等影响了政策的执行。影响政策执行的主要因素，即"缺乏专业绩效信息分析人员""政策操作性不强，难以落地"和"地方缺乏配套细则"排列前三位。这说明地方官员普遍接受了绩效理念和方法，思想认识和重视程度不再是最主要的问题，已经转移到了具体操作和实施层面的执行过程。

专业人员因素关系绩效管理的各个环节的微观操作应用，会直接影响到地方政府预算绩效管理的执行过程及其结果质量。针对"缺乏专业绩效信息分析人员"问题的突出性，查阅地方政府公务人员公开发表的论文观点后发现，广西财政厅季晓玮（2012）的"专业人员配备不足"[1]、江苏省连云港市财政局罗晓芳（2013）的"缺乏专门的机构和人才"[2]、江苏省财政厅刘捍东（2013）的"人员的素质制约绩效管理推进"[3]、广西贵港市财政局杨大团等（2015）的"缺乏相对独立的管理机构和绩效管理专业人才"[4]、辽宁省财政厅纪伟（2018）的"机构人员队伍建设不到位"[5] 等被列为影响推进预算绩效管理实施的重要因素。而问卷调查显示，这个因素又成为最主要的因素，说明地方政府应加大保障措施，加强对复合型绩效管理人才的培养和教育，使预算绩效管理政策能在基层得以落实。

综上，问卷主要针对地方政府预算绩效管理的过程、覆盖范围、标准应用和带来影响进行调查，结果显示，预算绩效政策在省级及其以下地方政府部门单位正在有序地推进，取得了一定效果，但也存在着执行不到位的问题。通过对影响执行的因素进行分析，发现缺乏专业绩效信息分析人员成为最主要的因

---

[1] 季晓玮. 广西财政支出绩效考评问题研究［J］. 经济研究参考，2012（65）：16-20，31.

[2] 罗晓芳. 市县财政开展预算绩效管理工作的困难与对策［J］. 中国财政，2013（11）：77.

[3] 刘捍东. 探索预算绩效管理纵深拓展的有效途径［J］. 中国财政，2013（19）：35-36.

[4] 杨大团，兰妍. 推进贵港市预算绩效管理工作的几点思考［J］. 经济研究参考，2015（23）：31-33.

[5] 纪伟. 辽宁预算绩效管理改革实践与对策建议［J］. 地方财政研究，2018（6）：16-20.

素。调查结果能客观地反映出现实的问题,今后,预算绩效管理的改革应巩固已取得的成绩,同时在全过程、全方位和全覆盖的实施过程中及时解决存在的问题。

5.3 地方政府现行预算绩效管理中的主要问题

5.3.1 现有预算绩效管理政策约束力明显薄弱

国外经验表明,充分的制度供给是预算绩效实施成功的重要因素。机关出台法规文件,立法机关更要参与监督,进行高层次立法,使执行人员有法可依,从而加大对政府预算管理的约束力。地方实施预算绩效管理的效应已经开始显现,但与预期效果存在差距。制度缺乏顶层设计,法律效力不高,问责机制不力,使得省级及其以下政府执行力度不均,预算绩效难以发挥其约束功能。

中国迄今为止尚未出台统一高层次的、专门的预算绩效法律。现有的制度约束,在中央层面还没有得到最高立法机关即全国人大的专门立法支持,仅限于《预算法》和《审计法》中对绩效或效益的重视,多次提及而已,也并无相应涉及违反处罚条例,各级政府难以利用法律的权威去领导预算绩效管理的工作。在地方层面,根据政策文本分析,只有4个省份的省级人大出台了与预算绩效相关的地方性法规,其余大多数由省级人民政府及其财政厅的文件来规范地方政府部门和单位的预算管理。在问卷调查中发现,预算绩效管理的推行受到一定的阻碍。因为财政部门无执法权,地方政府没有强制性的执行要求,不同部门和单位对预算绩效管理的重视程度不同,执行力度和深度也有所不同。省级层面政策的公开发文数量差距较大,相关的绩效信息披露程度普遍较低,对下级执行的指导和约束力强度也不一,下级部门和单位的重视程度直接影响了预算绩效在基层的推进。这种影响还背离了实施预算绩效的初衷,即提高政府治理水平。通过回归分析,416号文的出台后对省级预算申请增幅有显著影响,但是对民生保障水平和财政透明度的提高没有显著影响,且在对公开文本的搜集中发现预算绩效相关信息公开程度相对较低,尤其是绩效评价详细结果的公开,缺少强制性披露规定,严重影响了财政管理规范化水平的提升。

5.3.2 专业人才缺乏制约绩效分析质量

预算绩效管理政策的落地实施是由执行人员来完成的,绩效信息的生产和报告也是由相应的专业人员来操作提供的。绩效指标的选取、绩效信息的获取和绩效评价方法的使用对绩效分析人员的综合业务素质要求相对较高,他们不仅要熟知本部门或单位的财务和预算信息,还要深入理解预算流程和绩效管理环节的结合,对绩效管理各环节进行分析,出具可靠的绩效分析报告。

从中央到地方对预算绩效管理的重视已经通过政策文本分析体现出来,在保障措施中将专业人才的培养提到了重要位置。但是,问卷结果显示,在基层政府部门和单位,绩效分析专业人才严重匮乏成为影响预算绩效推进的最重要因素,可能会因为没有足够的基础技术专业知识来正确实施预算绩效工作,尤其是绩效测量和评价结果方面。省级文本中对绩效指标、绩效方法提及的频次相对较少,政策重视程度不够,欠缺具体的指导方法,影响绩效分析人员执行具体工作。由于对绩效评价信息的报告没有统一要求,绩效分析人员往往从简报告,或者由会计核算人员兼任绩效分析人员,绩效分析工作就会被置于次要地位,得不到应有的重视。此外,人员素质水平也是制约因素。从事绩效分析人员的专业背景不同,对政策的理解程度不一,对起源于企业管理的绩效管理理念和方法运用不熟练,这些问题在中国地方财政部门人员所发表论文的观点中得到了证实。国外学者也认可专业人才缺失所带来的问题。Berman、Wang(2000)认为组织拥有能够收集和分析数据的熟练人员,关系到绩效测量系统和信息基础设施是否到位和能否实现绩效预算管理。① 因此,缺乏专业技术人才对绩效进行测量和分析,严重影响了绩效信息的有效性和可靠性。

5.3.3 绩效管理方法难以适应基层实际需要

绩效管理方法指的是绩效指标和绩效方法,它利用科学合理的工具和手段,将绩效工作真实、全面、客观地反映出来。中央相关文件政策对绩效方法有相应的介绍,但缺少较为详细的解释说明,需要部门和单位人员自行学习和理解运用。在文本搜集、问卷发放等数据的采集过程中,发现地方政府在具体做法和制度规范上差异较大,对可操作性的细化内容涉及偏少,不利于实际执

---

① Berman E, Wang X. Performance measurement in U. S. counties: capacity for reform [J]. Public Administration Review, 2000, 60 (5): 409-420.

行者的应用。

虽然目前政策中提供了成本效益分析、因素分析法等评价方法，主要针对的是政策或项目的绩效评价，但对预算部门或单位整体支出不完全适用，没有涉及对部门和单位的整体支出绩效评价的综合方法运用。在对省级政府发布的预算绩效管理文本的内容分析中，绩效指标和绩效方法出现的频次相对较少，仅有几个省份涉及，对具体方法的使用几乎没有详细的操作指南。由于政策指导的缺失，导致在具体执行时，对绩效指标和绩效方法的使用受到限制，一半以上的绩效指标来源于本部门制定，绩效指标库也没有发挥应有的作用。还有 14.93% 的被调查者不知道绩效指标的来源，这种现象可能导致绩效标准不一致，降低绩效信息的可比性。绩效方法的应用也不普遍，虽然文件给出了多种方法选择，仍有三分之一的被调查者不知道绩效方法的应用，严重影响到绩效信息的可靠性和科学性。一半以上的被调查者认为由于"政策操作性不强，难以落地"影响了预算绩效管理政策执行。

5.3.4 政府会计、政府审计与预算绩效的联动机制尚未建立

预算绩效管理所发挥的效用取决于管理过程中绩效信息在预算管理流程中的应用。绩效信息不仅包括绩效评价信息，还包括绩效目标信息、绩效跟踪信息、政府会计信息和政府审计信息。在文本内容分析中，只有个别省份提及与政府会计的衔接，使之成为坚实的信息保障。在组织保障中，与审计等部门协同合作，就具体联动机制没有详细的指导说明。因此，政府会计、政府审计与预算绩效缺少联动，不利于提供完整、可靠的绩效信息。

事实上，只有知道会计核算"钱花到哪里去"，审计"钱花得对不对"，才能评价"钱花得值不值"。自评报告中，预算绩效信息泛泛而谈较多，对会计、审计的数据涉及较少，社会公众无法判断真实状况。政府已经认识到全面实施预算绩效管理之前，还必须完成其他制度改革，例如政府会计改革。在文本的内容分析中，在"制度保障"节点下"政府会计"频次出现 4 次，但从 2019 年 1 月 1 日开始，全国所有各级各类行政事业单位开始全面施行政府会计准则和制度。下一步的重点，应是绩效为导向，使政府会计目标定位于提供与绩效管理有关的信息。政府审计对预算绩效管理的参与，主要体现在各级政府审计报告中对预算绩效的监管，在文本内容中出现仅 9 次，没有放在制度保障措施中，而是放在组织保障中，与预算绩效管理主体形成合力，但绩效审计职能与内部绩效评价职能定位界限模糊，且有重复交叉。问卷中超过三分之一

的被调查者还认为实施预算绩效管理增加了部门（单位）的内部冲突和矛盾，说明内部职能关系还尚未完全理顺。

5.4 本章小结

对已有预算绩效管理政策进行评价，是为了优化未来制度供给。中央和地方政府发布的预算绩效管理法规文件是指导实践的权威政策。对政策进行评价，应遵从以"结果导向"和"公众满意度导向"为核心绩效的理念，检验政策实施的效果是否与预期目标相符，即目标的实现过程和完成程度。在对政策实施效果进行实证检验后，发现尚未完全达到预期。本章进一步采用文本分析法和问卷调查法，对省级层面发布的相关政策、法规文件进行深入的文本分析，对省级层面及以下政策执行情况进行问卷分析，从现实世界出发，以分析结果为依据，发现在政策制定和执行过程中存在着比较突出的问题。例如，专业绩效分析人员短缺，现有政策约束力较弱，操作细则无法满足需要，与政府会计、政府审计缺少联动，距离建设高效、责任、透明政府的目标还有差距。中国全面实施预算绩效管理的"战线"扩大，势必会带来一系列问题，各级政府部门和单位在具体执行政策时不可操之过急，对于未来可能出现的问题不能等到实际发生再打"补丁"，应及时防范。因此，需要积极探索优化预算绩效管理制度供给的方法和途径，为全面实施预算绩效管理铺平道路。

第 6 章 美英政府绩效预算管理制度述评及启示

西方国家通过充分的制度供给，将绩效的理念和方法与预算管理模式深入结合，使预算管理制度逐步完善并发展起来。政府预算管理是涉及一个国家的政治、经济、社会以及各个利益集团关系的复杂系统，这个复杂系统又集中地体现在立法机构和行政机构的博弈过程中，各自通过绩效预算管理工具获得更多的权力。本章选择以美国为代表的总统制和以英国为代表的君主立宪制，分析美英两国的预算制度特点、绩效预算管理的发展历程以及管理模式，以期为中国全面实施预算绩效管理提供借鉴。

6.1 美国联邦政府绩效预算管理制度

6.1.1 联邦政府预算制度特点

美国的总统制以分权为特征，其立法机构对政府的预算流程具有决定性的权力，如果立法机构没有批准政府提出的预算，那政府就会面临"关门"的风险。纵观美国百年来的预算史，以总统为代表的行政机构又与以国会为代表的立法机构展开博弈，双方都在积极依靠自身的法定地位，争取更多的预算权力，争夺预算资源的分配以获得更多的公共资源的配置额度。立法机构和行政机构各自一套参与编制预算管理的系统，各有侧重，分权色彩浓重。

美国的预算制度设计具有法律之上、权力制衡的特点，预算的编制和执行在行政机构,预算的审批和监督主要在立法机构,立法机构和行政机构相互独立、各司其职又相互制约、密切配合,保证预算的有效执行。财政年度为当年10月1日至次年9月30日,但完整的政府预算周期跨度长达37个月,历经行政机关的预算编制、立法机关的预算审批、行政机关的预算执行和相关主体的决算评审这4个环节,其中有12个月的预算编制期和9个月的预算审批期。由总统及其行政机构负责编制并向国会提交预算,国会对预算进行审批,财政部和总统预算与管理局执行,由政府责任署监督。① 如果总统和国会对预算有冲突时,就要走法定程序重新审批,直至预算通过。这样一来,预算周期较长,留出充足的时间使各个相关主体对预算环节进行沟通、协商、诉求和审批,为预算编制的科学化和规范化创造了条件。因此,美国联邦政府预算是由行政机关和立法机关共同完成,法制化程度较高,程序相当严格。

6.1.2 联邦政府绩效预算管理制度的历史演进

美国联邦政府绩效预算管理是在其预算管理发展上的一种模式创新,对绩效预算的理解和探索从未止步。美国联邦政府应用绩效管理工具,拥有其独特的制度基础和文化支撑。从美国立法机构和行政机构近百年来对绩效预算管理的改革来看,可以大致分为以下四个阶段。

1. 萌芽起步阶段（20世纪20年代初期至40年代）

绩效预算最早是在1907年由美国纽约城市研究局提出的。20世纪20年代以前,美国预算基本沿袭英国的预算制度,由国会主导,即参众两院控制国家预算。行政机构直接向国会申请财政拨款,财政部仅负责统计预算数据,没有预算编制及其执行的决策权。这样的局面,导致行政机构预算支出缺乏监督评价,管理效率低下。为此,国会于1921年颁布了《预算与会计法案》,使预算权力开始向总统倾斜,使总统能够帮助国会控制政府部门的支出,并创立了预算与管理局和会计总署机构。各行政机构不再直接向国会提交预算,而是将部门预算计划先报送给预算与管理局,再由其审核、协调、整合各行政机构预算,制定出预算规划后提交总统,总统签署后再呈交国会进行审议。会计总署作为一个独立于三权之外的特殊机构,行使会计和审计的职能,通过提交报告,反映预算的执行情况,对联邦政府预算进行外部监督,该机构一直存在至今,在政府预算监督中发挥着重要作用。

---

① 肖鹏. 美国政府预算制度[M]. 北京:经济科学出版社,2017:77-84,247.

这阶段的预算主要是以控制为主，分项目编制预算，并以各项开支的成本为依据分配公共资源。这样一来，有效地控制了政府部门对预算资金的浪费以及腐败、挪用等违规使用资金的问题，使行政机关接受来自国会和公众的监督，提高了预算资金的合法使用。

2. 正式起步阶段（20世纪40年代末至80年代）

第二次世界大战之后，美国政府工作重心逐步转移至发展国民经济，之前主要关注预算投入而忽视产出的业绩，严格控制科目的出入，使得原有的分项预算支出方法不再适用新形势要求，联邦政府开始考虑以绩效为类别的预算。1949年，胡佛委员会提出了绩效预算改革建议的方案，从原来注重投入转移到注重产出和成本，提出了行政活动的效益和公共服务的改善等"质量"概念，正式引入绩效预算理念。采用量化方法，在总统的预算方案中详细列示政府行政成本的详细信息，以评估政府效率。此外，还强调共同协作，不但有预算、管理和项目活动之间的融合，还要促进政府部门间、政府和国会间的沟通合作，列示预算目标的实现状况和结果。但由于缺乏立法保障、政府各部门的支持以及政府会计系统的不健全，这种改革方案未能有效付诸实践，以失败告终。同时，自在行政机构设立预算管理机构后，国会的预算权力受到削弱，国会在1974年出台了《国会预算与扣压拨款控制法》，修改了其在联邦预算过程中的作用。国会在参众两院设立了常设预算委员会，并成立了国会预算办公室作为预算研究机构，对预算权力进行调整，在专业水平、人员数量上得到提升和扩大，增强了国会对预算审批的能力。

暂时失利的绩效预算改革，随后被一系列新的预算方法所取代。为了扩大总统的权力，加强总统对联邦政府各部门行政活动和预算的控制，在1965年，约翰逊总统颁布总统令，以系统理论为基础，实行计划—项目—预算制度（Planning Programming Budgeting System，PPBS）。此制度采用成本效益分析方法来研究如何提高行政效率，要求所有的联邦政府部门把政府的计划、项目和预算融合为一体，以确保实现长期绩效目标。1973年，尼克松总统开始推行目标管理（Management by Objectives，MBO），这一新的改革方案把联邦政府的绩效目标与部门目标相结合，既注重投入和产出，又关注目标和结果的实现，同时，把预算与责任相挂钩。1979年，卡特总统又开始执行零基预算制度（Zero Base Budgeting，ZBB），要求联邦政府各部门对每一项行政计划的重要性进行评估，再对该计划提出的预算请求进行重新审视和详细论证。

直到1984年，财务会计基金委员会成立了政府会计准则委员会，专门负责制订州与地方政府会计准则。州与地方政府出具的财务报告，覆盖所有基金账户组，反映政府业绩与受托责任，加大会计系统对绩效测量的支撑力度。

3. 飞跃发展阶段（20世纪90年代至21世纪初）

为了争取国会的支持，联邦政府需要立法来巩固政府的改革行动和成果。1992年，克林顿政府提出了"重塑政府"的目标，绩效预算又开始成为美国政府改革的核心工作。美国国会于1993年通过了《政府绩效与结果法案》（Government Performance and Results Act，GPRA），这部法案将存在于私人部门的绩效管理成功地引入公共部门的管理领域。它首次以法典的法律形式确定绩效预算管理的内容和要求，以绩效为核心，将绩效预算、绩效评价、绩效审计有机结合，使绩效管理逐步走向规范化和法制化，新绩效预算改革拉开了帷幕。政府成立了由副总统戈尔领导的"国家绩效评估委员会"（National Performance Review，NPR），该机构专门负责绩效预算的监管，贯彻法案的实施，成为检查GPRA执行结果的一种有效措施。同时，州政府通过立法或行政手段，开始陆续制定州的新绩效预算法，安排新的改革措施并尝试付诸实施，到2000年前后，GPRA的绩效管理框架也正式搭建完成。

布什政府提出了总统管理议程（Performance Management Agenda，PMA），将预算与绩效的整合作为关键部分，设置了相应的评价标准；又提出了项目评估评级工具（Program Assessment Rating Tool，PART），将"项目"视为分析和评价的对象，对所有的联邦政府项目进行评价，使绩效与预算的联系更为紧密，将绩效预算推向一个新阶段。但由于总统管理议程的评分方法不可复制，项目评估评级工具采用统一标准和过分简单化的方法进行综合评估，因此，测评结果受到了各方的质疑。

与此同时，1990年由财政部、总统预算与管理局、会计总署共同组建联邦会计准则咨询委员会专门负责制订联邦政府会计准则。1997年和1999年分别要求联邦政府、州与地方政府对政府收入和支出采用权责发生制来确认和计量，并以此为基础编制并出具财务报告，全面反映政府的资产、负债及其实际费用，为开展绩效预算提供可靠的预算信息。

4. 成熟稳定阶段（21世纪10年代至今）

奥巴马政府比以往各届政府更加强调项目评价的重要性，致力于改善绩效数据的质量和使用，首先就新设了"首席绩效官（CPO）"职务，目的在于减少公共资金浪费，设立绩效标准，推进绩效预算改革。同年，还重新设置了绩效管理的流程，提出具体的绩效管理行动方案，实施优先绩效目标，包括评估美国复苏和再投资法案的效果，减少或者淘汰表现不佳的项目，设定有限数量的短期和高优先级的绩效目标，资助详细的项目评估等。与布什政府相比，奥巴马政府采取了一种更加以机构为导向的做法。[①]

2010 年，美国国会又通过了《政府绩效与结果法案修正案》（Government Performance and Results Modernization Act，GPRMA），2011 年年初，奥巴马总统签署生效，完成了对 1993 年法案的首次修订。为了避免重复性工作和计划，该法案强调了部门之间的协作，并要求联邦政府部门设定可量化的绩效目标，及时将绩效信息在公共网站上公开和更新，加强政府问责和社会监督。各部门要指派一名首席运营官（Chief Operating Officer）和一名绩效改进官（Performance Improvement Officer），负责监督所在部门和整个政府改进其行政、管理、采购等活动。该法案得到美国联邦政府和州政府的广泛认可，绩效预算管理得到有效执行。到了 2018 年年初，有 42 个州出台了绩效预算法律，通过立法推行财政绩效问责。同时，社会参与力量壮大，例如，在绩效指标设计上重视满意度调查，民间组织参与政府绩效评估。

综上，美国联邦政府的绩效预算管理改革是一个渐进的历程，国会和各届联邦政府对绩效预算改革进行立法和不断推进，使绩效信息更好地为预算流程服务，先试点后分步实施，提升了政府管理的公信力和可靠性。政府会计改革引入权责发生制，以绩效预算为导向，为绩效测量提供了准确的成本信息，助力推动绩效预算改革的进程。

6.1.3 联邦政府绩效预算管理模式

美国国会在联邦政府的绩效预算管理中占主导地位，体现其立法机构的权威性。任何政府的改革行动如果没有取得国会的支持，就注定要失败，甚至会导致政府"关门"。通过分析美国绩效预算管理改革的发展进程，指导当前美国联邦政府绩效预算工作的主要是 1993 年的《政府绩效与结果法案》及其以后的修正案等一系列制度框架体系。在这样特定的环境下，美国预算的绩效管理模式是在国会的领导下，由政府责任署（GAO）主导并代表国会对联邦政府各部门进行绩效审计监督，联邦政府各部门内部管理者、预算官员和总统预算与管理办公室等行政部门对政府部门内部进行内部绩效管理，积极配合绩效

[①] Philip G. Joyce. The Obama administration and PBB：building on the legacy of federal performance-informed budgeting?[J]. Public Administration Review，2012（5）：356-367.

审计。

1. 管理主体分工

绩效预算管理和评估涉及的部门和机构众多,需要多个主体相互配合协调。从评估主体来看,美国联邦政府对预算的绩效评价形式主要有行政机构自评、立法机构评价、基金合同授予人评价和第三方评价等。第三方评价机构可以接受国会委托,以独立于国会和行政部门之外,对政府部门进行绩效评价。

理清预算绩效管理模式,首先要明确预算管理的职能机构。美国联邦政府的预算管理机构充分体现了立法、行政、司法三权分立的政治管理制度,分布在立法机构和行政机构,预算管理机构的具体职能分工也有所不同,见表6-1。

表6-1　　　美国联邦政府预算绩效管理机构及其职能

国家	部门	执行机构	职　能
美国	立法机构	拨款委员会	根据国会预算委员会的决定授权新的开支
		筹款委员会	负责预算收入的立法,起草税法审议
		预算委员会	对总统的行政预算进行审议
		国会预算局(CBO)	协助国会审查和批准预算
		政府责任署(GAO)	隶属国会,审计政府财务,监督联邦支出是否合法、有效;发布审计报告
	行政机构	财政部	编制收入预算;决定预算收支以及相关预算法律的颁布实施情况
		总统经济顾问委员会(CEA)	评价联邦政府的各项经济计划和政策,评估联邦政府的经济活动,向总统提出政策建议
		总统预算与管理局(OMB)	独立于财政部之外,编制预算交总统审核;分配国会批准的预算,并监督预算执行
		总监察长办公室	作为联邦各部门内设机构,实现自我监督与控权,维护公共资金安全、有效使用

从表6-1中可以看出,美国预算编制和执行的职能在行政机构,预算审批在立法机构,预算评审职能由行政机构和立法机构共同完成。总统预算与管理局负责编制美国联邦政府预算并提交总统;国会预算局独立分析以协助国会对总统上报的预算进行审批;财政部负责编制预算收入,预算的内部绩效评价由总监察长办公室负责,预算绩效审计由隶属国会的政府责任署负责。

总统预算与管理局是美国总统办事机构之一,成立于1921年,隶属财政部，负责协助总统编制联邦政府支出预算并监督预算的执行。1939年后，划归到总统行政办公室，成为总统办事机构的一个重要组成部门。它汇集了大量预算管理方面的人才，对各部门绩效管理实践中出现的具体问题进行解答和技术指导，对联邦政府上报的年度预算计划进行评价，把握预算支出的重点和可行。不仅要汇总联邦预算开支并编制预算提交给总统核准，还要协助总统审查预算的执行情况。

政府责任署前身是美国会计总署，成立于1921年，作为一个独立、无党派的立法分支机构，专门调查联邦政府如何使用纳税人的钱并建议立法者和机构负责人去让政府更好地工作，只对国会负责，履行国会"守门人"的职责。随着绩效预算的深入实施，预算管理的目标也发生了变化，在实现公共资金合法、合规使用的目标后，开始转向提高资金使用绩效的目标。目前，大部分的工作量都在进行绩效审计。美国绩效审计的职责是通过立法形成的法律来授权的，它可以由政府责任署的审计人员等外部审计人员进行，也可以由联邦政府各部门和各机构的监察员等内部审计人员进行。绩效审计人员或负责人是由公众选举产生，并报告立法机构，再由立法机构任命或指定的。

总监察长办公室，是根据《1978年监察长法案》的规定，在联邦各部门内设立的内部审计机构，负责开展对所在部门的审计、调查、监察和评价工作，实行向国会和总统预算与管理局的双重报告制度，在行政系统内实现自我监督与内部控制。每年提交年度计划，接受政府责任署的委托，评价本部门的年度工作，根据评价的结果提出相应的建议，重新审视相关政策的可行性。总监察长办公室下设有监察长和公平与效率执行委员会，负责评价和监察等具体事宜，维护公共资金安全、有效地使用，推动政府改进绩效管理，防止滥用权力。

除了上述职能机构外，第三方评价机构也接受国会、总统或监察长的委托，依法对政府部门、项目和基金等进行绩效评价。第三方评价机构，例如美国锡拉丘兹大学坎贝尔研究所、管理科学开发咨询公司、城市经济研究所、美国盖洛普民意调查机构、美国评估协会等，采用的是市场化的运行方式，具有较强的独立性。

由此看出，美国通过顶层立法架构起一套政府联邦绩效管理的组织体系保障。在上述绩效管理主体中，由国会直接领导的政府责任署占主导地位，绩效审计力度较强，对政府预算的使用进行监督，审计的结果还可以有效地利用到提高政府工作效率中去。从机构的职能来看，总统预算与管理局负责联邦政府内部监督，政府责任署负责外部监督，看似分权色彩浓重，但各主体分工明确，各司其职，又互有交融和配合。

2. 绩效预算管理模式

GPRA详细地规划了绩效预算的内容要求，自颁布、试点和正式实施以来，也取得了显著的成效。美国联邦政府绩效预算管理模式比较健全，既有行政部门的内部绩效管理，又有审计部门和第三方的外部监督。

（1）内部管理模式。

GPRA为美国联邦部门和机构建立了一个绩效管理框架，但立法机关（国会）和司法机关（法院）不受GPRA的管辖。该框架包括机构战略计划、年度绩效计划和年度绩效报告，这三个阶段完全由各个部门内部实施监督，其实施时间表和主要特征见表6-2。

表6-2　　　　　　　三阶段实施时间表和主要特征

实施时间	工作内容	主要特征
1997年9月	战略计划	机构需要提交五年计划，且至少每三年更新一次。内容包括任务陈述，目标和目标将如何实现，将这些目标与战略目标联系起来以及计划评估
1998年2月	年度绩效计划	与战略计划相一致的年度绩效计划指定了每个计划活动要实现的绩效，以可度量的形式表达目标，描述了实现目标所需的资源，并提供了比较实际和预期绩效的基础
2000年3月	年度绩效报告	审查上一年度的目标是否达到，如果没有达到，说明原因

①战略计划。在每个财政年度结束（9月30日）之前，所有联邦行政机关要向总统预算与管理局和国会同时提交一份本部门的至少未来五年的战略计划，且每三年进行一次修正。在制订战略计划之前，行政机关要咨询国会的意见，为了避免项目执行过程中产生矛盾，也会认真听取其他相关部门或人员的意见。战略计划的内容主要是与战略目标相一致，陈述部门任务工作，确立部门目标和实现方式、进度等。

②年度绩效计划。在提交长期战略计划的目标范围内，所有联邦行政机关还需要向OMB提交每个财政年度的绩效计划，涵盖预算中的每一个项目。管理和预算局局长每年编制一份政府范围的绩效计划。年度绩效计划的目标来源于战略计划目标，更多地是关注每个项目的绩效目标和指标的确定。年度绩效计划内容主要是量化绩效目标以及实现目标需要的投入等。

绩效指标设计是绩效评价内容的核心工作,在具体实施中,不同的部门、行业和项目所反映的绩效指标要求是不一样的,各有专属,因此,美国并没有建立统一的指标体系,而是有针对性地分部门、分项目进行设计,并且指标在设计时也充分考虑了被评价主体的意见,即指标是可以协商的,这样一来,绩效的作用不仅在于约束,还有激励的作用。

③年度绩效报告。在每年度的 3 月 31 日,所有联邦行政机关要向总统预算与管理局和国会同时提交一份前一财政年度的绩效报告,报告中要包含其所涵盖的财政年度中对该部门各个项目的评价,作为绩效评价的结果上报。内容主要围绕目标的完成情况来进行评价,并采取实际行动及时修正绩效目标。

但是,GPRA 的一个关键目的是将资金决策与项目绩效挂钩。要落实 GPRA,战略规划和绩效计划以及它们如何与预算挂钩是关键问题。布什政府时期,比较重视政府部门的绩效表现要与预算相结合,利用评估结果进行政府问责,落实相关责任,提高政府工作的效率。从 2003 财政年度预算提交开始,管理和预算局计划将绩效与预算决策充分结合。最初,管理和预算局与各机构合作,主要是集中在几个重要的项目选择结果、影响这些结果的产出、选择的成本以及如何提高效率等方面上。自此,绩效预算又再次被政府重视。

(2)外部管理模式。

美国绩效预算的外部监督主要是由审计机关和社会第三方机构来完成的。其中,审计机关在早期,主要进行传统的财务审计工作,但随着组织扩大,公共资源变得更加稀缺,开始鼓励审计员加强对使用稀缺资源的效率调查,将审计范围扩展到了对效率的审计,这种广义上的审计被称为绩效审计。而社会第三方机构通常采用市场化运行,通过政府采购形式为其提供绩效评审报告。

政府责任署是美国最高国家审计机关,通过对联邦政府进行审计来提高其工作绩效,使政府对国会和公众尽职尽责。美国政府绩效评价对象既包括部门绩效考评,又包括专题绩效评价。专题绩效评价一般由政府责任署代表国会或其他部门的要求进行评价。① 根据政府责任署的职责,审查的范围包括政府运行绩效、重大决策和项目实施效果等。为了充分利用有限的审计资源取得最大的审计成果,政府责任署会经过严格的审计立项调查论证,满足国会、政府和公众的需要。它代表国会对联邦政府各部门进行年度绩效考评和对部门项目进行专项评价,也可以授权各联邦政府内部监察长办公室,对所在部门进行绩效

---

① 肖鹏.美国政府预算制度[M].北京:经济科学出版社,2017:77-84,247.

评价。

在部门内部，各项目之间的预算分配以绩效为依据；政府部门年初制定项目的绩效计划目标，到年末再去对项目进行自我绩效评价。政府责任署需要检查绩效的执行情况，再次独立地进行外部评审，以确保信息的可靠性。政府责任署在进行专题绩效评审时，评审的标准是由审计组和被审计部门共同协商确定的，绩效指标是可协商的。在行政机构提供报告的同时，政府责任署作为立法分支机构也提供政府的战略计划、绩效计划，年度绩效和责任报告信息。但是，在各州和地方，审计局负责所在辖区的审计监督工作，并设有审计长办公室，审计局对州议会负责，与政府责任署不存在上下级隶属关系，相互独立。

此外，美国在政府绩效评价主体中有公民和服务对象的广泛参与，主要表现为社会第三方机构的参与。第三方评估模式主要有三种，即大众点评、专业认证和评估排名模式。评价资金来源独立，主要通过政府付费购买评估报告，采用市场化机制运行。例如，美国盖洛普民意调查机构开展的民意调查，用简单的随机取样法并且试图把偏差度保持在最低水平。采用抽样调查方法选择测验对象，派调查员面访，然后统计调查结果，分析并做出说明，提供给用户。它编制的民生指数均源自独立的第一手数据。[①] 美国评估协会为避免依赖委托方的数据，以确保评估材料的真实可靠，通过实地考察、问卷调查、专家研讨、座谈、文献调研、案例研究等方法展开调研，获得数据信息，作为评估结论的主要支撑材料。美国民间机构锡拉丘兹大学坎贝尔研究所对州或市政府绩效评价，取得预期的成效，得到了政府部门和社会公众的认可。

6.2 英国中央政府绩效预算管理制度

6.2.1 中央政府预算制度特点

英国是君主立宪制国家，带有典型的威斯敏斯特政治体系特征，立法和行政权力相对统一，但就预算权力进行博弈。政府内阁高级成员来自议会中多数

---

① 郑方辉，谢良洲. 独立第三方评政府整体绩效与新型智库发展——"广东试验"十年审视[J]. 中国行政管理，2017（7）：153－155.

党成员,内阁成员既是政府行政官,又是立法机构(议会)议员,实质上是政府控制议会。预算权力在议会、内阁、审计署等部门分配,相互制衡。① 在预算程序上,财政部和内阁发挥着主导作用。

英国的财政年度起始于每年的 4 月份,政府预算编制由财政部提前一年时间编制,预算审批只有 4 个月的时间,短于美国的预算审批时间。因此,可以说明整个政府预算流程表现出了立法机构与行政机构的权力统一,各环节衔接阻力较小,不同于美国总统制下政府预算流程呈现出的高度制衡。

6.2.2 中央政府绩效预算管理制度的历史演进

20 世纪 70 年代爆发了世界经济危机致使全球经济衰退,英国财政赤字规模加大导致财政入不敷出,政府试图采取行政改革来提高政府管理效率,以合理有效地配置公共资源,节约公共开支,减少财政资金浪费。政府拟将私人部门的绩效管理方法引入公共部门,以绩效为主导的公共经济改革席卷全球。英国作为此次改革的发起者,在政府的主导下循序渐进地发展并成熟。英国政府绩效预算改革发展大致可以分为三个阶段。

1. 快速起步阶段(20 世纪 70—80 年代末)

英国政府绩效预算改革始于 1979 年的"雷纳评审",以经济和效率为中心,旨在解决当时的财政危机。政府开始将绩效管理引入公共部门,初步树立起绩效意识,降低公共开支,关注政府的产出和结果,提高效率水平。1980 年,环境部的"部长管理信息系统"上线,全面和规范地收集、处理相关绩效信息并及时提供给部长。1982 年,财政部颁布了"财务管理新方案",重点是树立成本、公共部门的经济与效率意识,降低公共支出。结合各自部门的职能,明确目标,测量产出进行绩效评审,从资源与投入、投入与产出、产出与效果之间的关系来评估经济、效率和效益,对中央政府的财政资源进行有效的配置和监控。1988 年,内阁出具《伊布斯报告》,开始进行执行机构改革。设立"执行机构",各部门首长与执行机构签订服务供给协议,明确执行机构职能和承担的责任。内阁会定期地对执行机构的绩效状况和运行进行评审,并将结果以报告的形式对外公开,据此作为下达下一年绩效指标的参考依据,未完成目标的机构负责人接受相应惩罚。执行机构改革使政府上下级的隶属关系转变成了契约关系,各部门从投入转向侧重结果,牢固树立起以结果为本的绩效

---

① 王淑杰. 英国政府预算制度 [M]. 北京:经济科学出版社,2014:93.

观念，成为这一阶段公共部门绩效改革的转折点。

2. 飞跃发展阶段（20 世纪 90 年代）

1990 年梅杰政府执政后，将预算改革的重心逐步转移到了公共服务质量及其效果上。1991 年，政府相继发起了"公民宪章运动"和"竞争求质量运动"。"公民宪章运动"要求公共部门和服务机构制定宪章时遵循明确的服务标准、透明度等原则，通过建立服务承诺机制来提高服务质量。"竞争求质量运动"将市场竞争机制引入公共部门，把反映的公共部门活动结果的顾客满意度和服务质量交由市场来检验。

布莱尔政府上台后，绩效预算改革获得实质进展。1997 年，政府颁布了《支出综合审查法案》，不仅制定了部门支出限额和年度管理支出限额来控制预算总规模，各部门还要与财政部签订一份《公共服务协议》（Public Service Agreements，PSA）。这份协议实质上就是由各部门的部长与财政部共同签订的"绩效合同"，各部门就战略目标、绩效目标和具体的绩效指标以签订协议的方式确定下来，各部门的部长提交协议并对协议负责，从财政部获得其可支配的预算资金。协议内容具体包括每个部门总体方向、目标、具体目标、对具体目标的技术测量、实施的组织和计划等；各部门使用预算资金实现协议中的各层次目标和未来将达到的结果。每年秋季，各部门还要向议会提交《秋季绩效评价报告》，将工作结果与目标进行分析对比，找出差距，评价目标完成情况，并对外公布。1998 年，政府将"公民宪章"改为"服务第一"，成立公民评审小组，负责民意调查，对公共服务质量进行监督。

3. 成熟稳定阶段（21 世纪初至今）

政府绩效预算改革由上而下推行开来，在地方政府层面，布莱尔政府 1999 年引入了最佳评价制度以提升地方服务质量。2000 年颁布的《政府资源和会计法案》（Government Resources and Account Act，GRAA），将政府会计基础由收付实现制变更为权责发生制，支持全面绩效导向的管理改革。公布由国家审计署审计的整体政府财务报告，为绩效管理提供可靠的数据支持。2003 年，实施了由审计委员会专门开发的"全面绩效评估（Comprehensive Performance Assessment，CPA）"，对地方公共部门开展绩效评估。2009 年，国家审计委员会公布了全面地区评价（Comprehensive Arms Assessment，CAA），这一新的政府绩效评价体系取代了 CPA，并正式实施。受国际金融危机的影响，财政收入减少，使政府不得不将有限的财政资金集中安排于优先项目和目标。2010 年，英国政府放弃了公共服务协议制度，而是要求各部门编制有优先次序预算项目的业务计划（Business Plan，BP），它明确了各项改革目标的优先次序，制定了更为具体和详细的改革措施与绩效考核指标。同时，财政部在网站上定期发布业务计划的进展情况，每年对计划内容进行更新和调整。① 同年，卡梅伦政府一上台，面对巨额的赤字、深层次的社会问题，提出"小政府、大社会"计划，减少公共部门机构，加大对政府履职状况的检查力度，引入更加严格的绩效问责机制。② 2014年《地方审计和问责法》规定了公众查阅、复制文件（除不适用情况）和对地方审计结果提出反对的权利，官方必须正面回应，赋予公民主动积极参与财政监督的权利。

6.2.3 中央政府预算绩效管理模式

1. 管理主体分工

在英国，预算管理组织分布在行政部门和立法部门，有内阁、财政、预算责任办公室、公共账目委员会、审计署等，机构众多但分工明确且相互合作、相互监督。各机构的主要职能详见表6-3。

表6-3　英国中央政府预算绩效管理主要机构及其职能

国家	部门	执行机构	职能
英国	立法部门	议会（主要是下议院）	对政府预算支出进行审批
		公共账户委员会（PAC）	检查财务账目，审查审计长提交的审计报告
		决算审查委员会	检查指导审计署工作
		国家审计署（NAO）	审查中央政府财务账目和决算书；对使用公共资金的经济性、效率性和效果性进行审计
	行政部门	皇家国库	向各部门分配预算、监督资金的分配和使用
		内阁	重点审查支出的效益和有效性
		财政部	指导和监督预算的执行情况
		部门会计长	对各部门预算资金使用情况进行审计监督
		预算责任办公室（BRC）	负责预算收支预测工作

英国的议会作为立法机构，是由国王、上议院和下议院组成。财政监督是下议院的专属权力，财政议案只能在下议院提出和通过，国王和上议院无权过

---

① 郑德琳. 从公共服务协议从公共服务协议到部门业务计划——英国新绩效预算改革对我国的启示 [J]. 财会研究，2018（3）：5-9.
② 齐小乎. 美国英国绩效预算管理改革及启示 [N]. 中国财经报，2017-01-19（2）.

问。从预算监督角度看，议会下设的公共账户委员会和国家审计署负责议会对政府预算的外部监督。在行政系统中，财政是预算的编制、执行和监督机构，并指定部门会计长负责所在预算部门的内部监督。

国家审计署成立于1983年，完全独立于行政机构，隶属议会，只对议会负责并向议会报告工作，经费也由议会拨付并接受议会审查。审计长作为下议院的独立官员，终身任职，协助议会监督公共资金的实际使用情况。审计署对以权责发生制基础核算的政府财务报告进行真实合法性审计，同时对使用公共资金的经济性、效率性和效果性进行绩效审计，且绩效审计在整个审计工作中所占的比重越来越高。审计长完成审查后，定期在下议院的公共账户委员会的听证会上报告审计结果，并反馈给政府部门。审计署会将历年的审计报告予以对外公布，内容包括审计方法、审计技术、目标跟踪、审计评价和审计结果信息等，信息公开程度较高，提升了审计工作的可信度。

部门会计长全面负责所在部门的财务管理、会计核算和内部审计监督。部门会计长与财政部签署公共服务协议，以契约的形式，明确了部门预算支出使用后所达到的各层次目标，并及时向财政部和公共账目委员会报告财务和预算情况，确保该部门的预算资金使用在最需要的地方。同时配合国家审计署的工作，将账目随时准备提交给审计长，接受审计长和审计师的询证，各方就审计结果达成共识，以便审计署向公共账目委员会提供的审查报告无异议。部门会计长还被邀请参加公共账目委员会举行的听证会进行陈述，对报告进行深入了解。

2. 内部绩效管理模式

英国的绩效预算是由政府主导辅之以立法。而美国是由国会主导并制定法律制度框架来推行绩效预算改革，与预算管理、政府会计配套改革并行。英国绩效预算改革是通过签订《公共服务协议》来推动的，即采用签订契约的形式来明确各部门的战略目标、绩效目标和绩效指标，并分解成年度计划、分部门计划和个人年度目标。这是一个全过程内部绩效管理，具体包括6个步骤：设立绩效目标、分配预算资金、对预算绩效完成情况进行监督、提交绩效报告、开展绩效审计以及运用绩效结果。

值得关注的是，中央政府对部门赋予更多的自主权。在绩效标准方面，绩效评价指标的确定是由评价方与被评价方、专家、公众等多方协商而成的，并没有统一的标准。各部门利用自身的信息优势，由多方共同参与协商指标，在执行绩效目标前化解有关分歧，使目标更切实际，可以提高部门执行的积极性。

总之,英国绩效预算实施程序是围绕公共服务协议展开的,根据确定的绩效目标进行预算支出,将支出效果与目标对比,将绩效信息与预算决策挂钩。

3. 外部管理模式

政府绩效审计属于外部监督范畴,财政监督是英国议会下议院所专有的权力之一。英国在1911年通过的《议会法》中规定,财政议案只能在下议院提出并通过,上议院没有权力过问或否决。下议院设审计长和审计委员会,专门负责审查政府账目和决算书。因此,英国对公共资金的审计主体主要由国家审计署、审计委员会和各部门内部审计委员会以及中介机构组成。国家审计署、审计委员会主要从事绩效审计。

绩效审计是预算评审的重要组成,实施绩效审计可以准确地掌握各个部门预算支出产生的实际效果,通过将绩效结果与绩效目标对比,检验部门是否完成了预期任务。绩效审计是以财务审计为前提开展的更高层次的预算监督工作。随着政府会计改革,英国政府致力于提供客观、完整、真实的政府财务状况。在审计监督下,政府会计信息比较真实,并且政府部门对绩效审计能提供较好的协作,具备开展绩效审计的基础。因此,英国每年约有50%以上的审计项目属于绩效审计范畴。国家审计署在预算年度结束后,对部门提交的绩效报告进行绩效审计,并将结果报告给公共账目委员会,同时对外公开。

英国没有完整的绩效指标衡量标准,而是由审计人员在进行检查时,根据谨慎的职业判断,选取参照指标进行绩效评审。通常参照选取审计对象的行业标准、社会公众调查结果或专家研究成果意见作为评审标准。在2015年,国家审计署的绩效审计为英国节约了1.21亿英镑。由于执行良好,议会和政府继续扩大绩效审计的作用,包括英国资产处置、新资产的审计等。

6.3 对中国全面实施预算绩效管理制度建设的启示

发达国家的绩效预算管理模式经历了漫长的演进过程,使绩效与预算的结合愈来愈紧密,在实施过程中积累了丰富的实践经验,尤其是英国政府预算流程所表现出的立法机构与行政机构的权力统一,对中国更具借鉴意义,从中可以得到一些启示。

6.3.1 出台顶层制度，规范管理行为

绩效预算管理是在法律的支持下逐步推进的，通过制度建设来规范实施，指导实践活动。美英两国在绩效预算改革进程中坚持立法先行。美国通过国会的专门立法，建立起绩效预算管理制度，保障绩效管理的法律地位，明确界定绩效管理的主体地位和职责分工。国会1993年通过了《政府绩效和结果法案》以及2010年对其修正，以立法的形式确立了绩效预算的制度框架，《总统管理议程》进一步从制度层面推进绩效与预算的结合。截至2018年年初，实行美国绩效预算法的州数目有42个。正是由于国会通过立法形式，以一部法案来确定绩效预算管理的内容和要求，总统负责保障实施，才得以使绩效预算改革顺利进行。英国的绩效预算是由政府（执法机构）主导并辅之立法。从绩效审计看，英国在1982年颁布了《地方政府法》，明确了绩效审计属于审计委员会的工作范围。1983年的《国家审计法》，进一步向审计长授权，审计长可对政府部门或组织就使用公共资源的经济性、效率性和效果性进行检查。这两部法律成为绩效审计工作的最高法律依据。英国政府1997年颁布的《支出综合审查法案》，以契约的方式确定各部门战略目标、绩效目标和具体的绩效指标，并由各部门长负责。可见，政府由上而下主导着绩效预算管理工作。

制度建设成为推动绩效预算改革前行的重要手段，尤其是国家最高立法机关的支持，成为规范绩效预算实践活动的权威依据，引导地方政府部门均衡地开展绩效预算工作以执行到位。

6.3.2 协商绩效指标，赋予灵活性

美英政府的预算绩效管理同时得到立法机关和行政机关的支持，建立起一套统一性与灵活性相结合的绩效管理模式。根据法案要求严格执行的同时给予部门灵活的执行权利，激发参与各方的积极性，提高管理的运行效率。在内部管理模式上，美国按法案的要求，提交战略计划、年度绩效计划和年度绩效报告，这三个阶段完全由各个部门自己独立实施并进行监督，在提交的时间和内容上都有统一规定。而在具体的绩效测量和绩效指标上，只做出原则性的框架指导，给予部门一定的灵活度，激发部门人员对绩效预算改革的参与和探索。美国通过制定年度绩效计划来体现绩效目标。英国要求政府部门通过签订《公共服务协议》来获取制定的计划或目标所需的预算资金，其中绩效目标的

制定由财政部与各部门共同协商确定,其他则以政府部门为主、预算部门和技术专家参与,确保了绩效目标和战略计划的预期效果。在外部管理模式上,依靠独立机构施行权威的绩效审计来提高财政管理效率。美国由隶属于国会的政府责任署来监督预算执行,检查法案的落实情况,再次独立评估以确保信息的可靠性,向国会提供审计报告并对外公布。

绩效预算管理将内容统一与灵活相结合、监督主体内部与外部结合,在严格遵守法律要求接受监督的同时,又考虑部门的实际情况确定绩效目标,激发绩效预算改革的活力,提高了管理模式效率。

6.3.3 公开绩效信息,提高透明度

绩效预算是绩效信息与预算决策的结合,法律对绩效信息向社会公开的内容、方式和范围做出了规定,预算资金使用情况透明,保障了公民的知情权,提高了政府公信力。美国在法律制度框架下推行绩效预算,每年将联邦政府与预算有关的正式文件通过媒介向社会公布,预算编制公开将预算审批、执行和评审都置于监督范围内。美国历届政府对绩效信息透明化也尤为重视。克林顿时期的法案,将绩效预算编制工作的重点放在战略规划、编写和报告绩效信息上,特别是各机构的业绩信息。布什时期,联邦政府的重点转向通过计划评估工具(PART)衡量和报告项目进展和结果,提高绩效透明度。奥巴马时期,用绩效信息与国会沟通。英国特别强调绩效信息的披露,财政部每个季度定期公布各部门绩效任务的进程信息,政府每年两次向议会提供绩效报告,包括预算进程报告和绩效完成报告,并对外公布《公共服务协议》中绩效任务的进展情况。任何人都可以从互联网网站查阅政府各部门的预算决算、财务数据等相关信息,预算资金使用透明度较高。

预算资金使用信息属于绩效信息,资金使用透明可以保障绩效信息的可靠性,避免资金的滥用和浪费,提高财政资源使用效益,依法接受公众的监督。同时,形成的绩效信息可以为预算决策提供依据。

6.3.4 严格绩效问责,确保政策落实

绩效预算中,预算立项是经过充分论证的,预算执行的过程是合法合规的,基于已规范的立项投入和执行过程,更加注重预算的绩效结果,将绩效结果制成绩效与责任报告上报和公开,接受政府、国会和公众的监督。美国联邦政府出台配套措施,检查法案执行结果,成立专门机构并由副总统主管,监督

法案的贯彻实施。修正后的法案还要求各部门指派一名首席运营官和一名绩效改进官负责监督绩效预算的执行。绩效报告的内容主要是工作成果与绩效目标的对比，如果没有完成绩效目标，就要进行问责，需要解释没有完成的原因，并提交新的计划和日程表，强调未完成绩效目标时绩效管理主体要说明责任。在绩效问责上，每一位总统都将绩效问责作为行政部门的优先事项。英国是签订契约式的服务协议，必须就服务内容、目标、标准、程序和时限以及违诺责任等向公众做出服务承诺，对公共服务质量进行监督。卡梅伦时期，加大对政府履职状况的检查力度，引入更加严格的绩效问责机制。

严格的效果评价是检查绩效预算执行结果的有效措施。通过评价绩效目标的实现程度，来检查政府绩效预算工作是否有所改进，进行监督和问责，这对于预算绩效管理的落实至关重要。

6.4 本章小结

美英两国是公共部门绩效管理改革的先行者，积累了丰富的绩效预算管理经验，引领其他国家纷纷效仿。尽管学术界和实务界对绩效预算的实施效果有褒有贬，但总体来说还是认可绩效预算对提升国家治理的重要作用，各国政府积极借鉴。美英两国和中国，虽然政治体制各有不同，但从经济学角度带来了有益的经验启示，值得借鉴。出台顶层制度，加大法律效力，无论立法机构还是行政机关，以绩效为导向通过法律规范约束预算行为，成为正式规则去遵守。协商确定绩效指标，赋予部门一定的灵活性，内部管理和外部监督相结合，激发各部门的主动性，提高管理运行效率。对外公开预算和使用绩效信息，主动接受公众监督，使用资金透明，提高政府公信力。严格绩效问责，对绩效预算管理制度的执行结果进行检查和效果评价，奖惩分明。发展中国家与发达国家的差异主要体现在制度的差异，中国应吸收西方先进成果与实践经验并使之本土化，与本国政府治理能力相匹配，才是政府预算绩效管理发展的最优选择。

第 7 章
中国政府全面实施预算绩效管理制度的优化措施

全面实施预算绩效管理，不仅强调全面性，即"全方位、全过程和全覆盖"，更要注重有针对性地执行和落实。在中国目前预算管理现状和发展的背景下，探索一套符合具体国情民意的预算绩效管理制度、模式和方法，使其走向法制化和规范化，才能推进建设高效、透明、责任的政府，体现制度自信和文化自信。

7.1 全面加快预算绩效管理制度建设

预算部门和单位的支出就是"花钱"的过程，但从产权理论角度，花别人的钱和花自己的钱时，其谨慎态度是不同的，加之现有体制下评价政府花钱效果是个很敏感的话题，所以必须依靠制度的力量，在执行过程中严格遵守法律规范，将行为规范逐渐嵌入主观意识里，从被动接受评价到主动实施评价，才能形成工作思维模式的常态化。

7.1.1 制度顶层设计

预算与绩效的结合可以从预算绩效法开始。当前中国正面临绩效动力不足的情况，根源在于中国国家治理的传统绩效基因和现实绩效类型都缺少法治元素。① 根据英美发达国家的经验可以总结出，法律至上原则是绩效预算管理成功实施的关键。在绩效管理的各个环节都可以找到相应的法律依据，并严格按制度约束进行工作。Lu、Willoughby（2018）对美国州一级的绩效预算编制制度的研究表明，那些有更全面、更明确要求和责任的法律的州，人们更多地利用了绩效预算编制，执行机构内部更有力、更有效地利用了预算编制，特别是管理层，而不是那些做资源分配决定的立法者。② 政府通过法律、行政授权、行政协议或政策来建立一套公共预算绩效管理体系。加强顶层设计，用制度来引领预算绩效管理工作。一项好的政策（制度），不仅能调动有关方面的积极性，还能产生良好的社会效果。③ 因此，预算绩效管理工作要全面取得实效，扎实推进，必须得到国家立法支持，提升法律法规支撑层次。国家不仅要出台顶层的法律制度，还包括一系列可操作指南和配套法规。

在中央层面上，应由全国人民代表大会审议并颁布《政府预算绩效法》，作为最高法律依据，统筹全国政府预算绩效管理工作，推动全国中央政府和地方政府的相关制度规范建设。从横向上，政府预算绩效各个评价主体的职能和分工要明确。预算部门、单位和项目自评为主，财政部门作为拨款部门对公共资金的使用绩效进行指导和监督，审计部门主要进行财务合规性审计和绩效审计，相关监管部门辅助性绩效监督。第三方接受政府委托进行独立绩效评价，社会公众通过网络平台、第三方等参与绩效评价。各个部门、单位、机构和人员各司其职，内部和外部评价相结合，形成统一的年度或专项绩效评价报告递交各级人民代表大会及其常务委员会，对外公开透明，提高公众满意度和可信度。从纵向上，根据《政府预算绩效法》的立法原则，国务院出台《政府预算绩效实施条例》，赋予财政部和部门单位开展预算绩效的权利和义务。财政部制定具体的《政府预算绩效实施操作细则》，中央各部门、各单位结合自身业务和管理特点研究实施机制，再出台本部门或项目的具体办法。其中，财政部起着至关重要的衔接作用，应成立专门的政府绩效司，承担相应职能。通过全国人大、政府和部门单位出台系列法律法规文件，按照下位法遵守上位法的

---

① 卢扬帆. 国家治理绩效的法治化转型研究——基于中国的实践 [D]. 广州：华南理工大学，2016：147-168.
② Elaine Yi Lu, Katherine Willoughby. Public performance budgeting: principles and practice [M]. Routledge, 2018: 2-4, 9-10.
③ 马国贤. 政府绩效管理 [M]. 上海：复旦大学出版社，2010：71.

原则，建立起多元评价主体的模式和具体实施机制，提高权威性和约束力，明确"谁来评，评什么，怎么评，结果如何应用"等问题，从顶层制度到具体的实施机制，规范地方政府及各个部门、单位、机构和人员执行预算绩效管理操作范围和流程，使其做到有法可依，如图7-1所示。

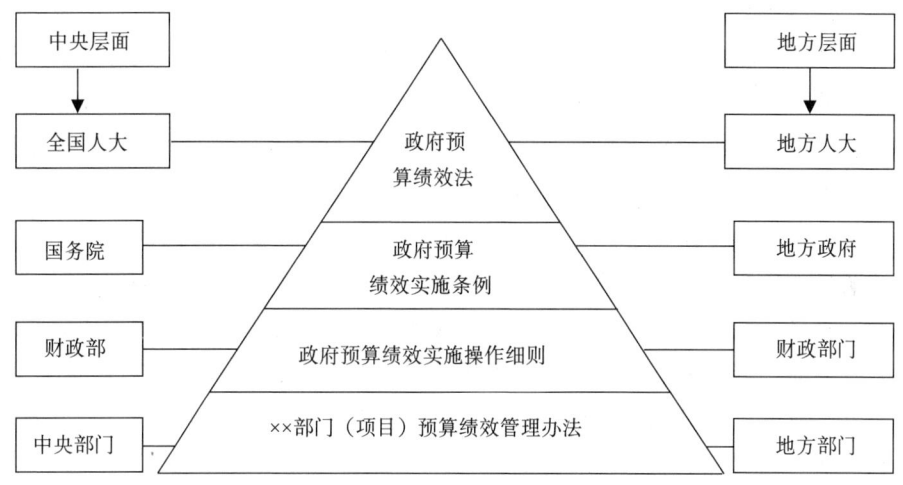

图7-1 政府预算绩效评价制度层次体系

在地方层面上，地方政府预算绩效实践试点先行于中央政府，因而，地方政府在其制度设计方面相对国家层面来说比较完备。但目前的问题是，各个地方政府的文件不统一，导致绩效评价的结果不具有可比性。通过多年的试点，各地方政府在实施的过程中受到局部利益方的阻力，推行进度和实施效果也不均衡，产生了各种矛盾。这都需要顶层制度设计克服局限，按照中央层面的做法相应地建立起地方政府的制度层次体系，保证上下级制度的一致性。中央层面制度为预算绩效管理运行提供了一个制度框架和基础，地方政府要深刻领会立法精神和对工作的具体要求，相应地在本级人大、政府、财政部门以及各预算执行单位部门进行制度设计，与中央层面保持一致。同时，作为基层执行者还要总结工作案例，推动其法律法规的不断完善，与时俱进。总之，提升规范层次，由行政指令文件上升到法律文件，由立法机关进行立法并发布，使预算绩效管理机制得以稳定下来。当然，制度的变迁需要循序渐进，现阶段，继续完善现行预算法中关于绩效融合预算各阶段的条文规定，当绩效理念和方法成熟地与预算结合之后，可以再考虑单独出台国家绩效预算法和地方绩效预算法。

7.1.2 职能整合设计

公共经济就是经济学视角下的国家治理。① 从国家治理主体看,国家治理能力推崇多元化的治理主体(包括政府、市场、社会),并综合协调多元治理主体之间的关系。而提高治理能力的前提是要有一个完善的管理国家的制度体系,即体制、机制和制度安排。党和政府已经把全面实施预算绩效管理上升为国家战略,使其成为政府管理常态化和主流方式。公共经济绩效管理需要建立综合性的协调和推动机制,整合多主体间的合作与分工,通过制度化管理达到最优效率和效果,进而推进构筑科学化、民主化和高效化的国家治理体系。

360 度反馈评估(360°Feedback Appraisal)是一种多元评估系统,也是企业人力资源管理的常见绩效考核工具和方法之一。其特点是评价维度多元化,即自我评估、上级评估、下级评估、同级评估、外部客户评估,从不同的层面人员中收集信息,有利于评估者全面了解被评估者信息,评估结果更加全面、可靠和客观。评估结束后,评估结果会反馈给被评估者,促进评估者与被评估者的交流沟通,进而改进绩效,如图 7-2 所示。

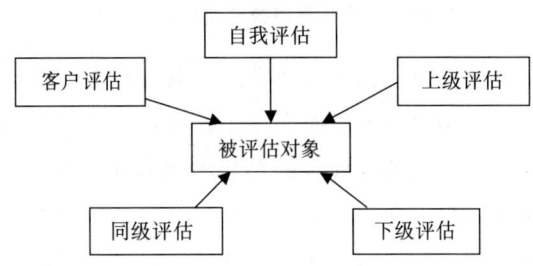

图 7-2 360 度反馈评估法

绩效是一项复杂的工程,这项工程需要参与过程的各方主体共同协调去完成。从当前国情出发,预算绩效评价的主体主要有预算部门、财政部门、政府审计部门和人大监察等相关部门,虽然和现在的评价主体大致相同,但是各自的职责分工是不同的。不同评价有不同的功能,要采用不同的工具,而不能统一为一个模式。但可以确定采用一种综合评价模式,通过工作规范化和管理科学化进行全方位的评价。从协同治理的视角,借鉴 360 度反馈评估方法思想,

---

① 齐守印. 构建服务于国家治理现代化的公共经济理论体系 [J]. 财贸经济,2015 (11): 5-13.

明确预算绩效评价的主体并准确定位各自的职责。

1. 财政及预算部门职能定位

在现有的财政部门和预算部门（单位）双主体中，将财政部门定位为上级评价主体，预算部门（单位）定位为自我评价主体，但两者仍都属于内部绩效评价。

财政部门和预算部门（单位）的职能是不相同的，财政部门负责分配资金，预算部门（单位）使用资金，两者的职能不能混为一谈。财政部门对自己分配出去的资金负有监管和指导的职责，预算部门使用资金，也要对资金使用进行反映和监督。反映是按照政府会计准则的要求，真实、公允地核算本预算部门单位的财务状况和预算收支，编制财务报告。监督是按照国务院、财政部以及地方的相关绩效管理的法律法规，对本部门（单位）预算资金的使用情况进行绩效评价，编制绩效报告。因此，将财政部门和预算部门（单位）定位在实施预算绩效管理的主导地位，在绩效评价环节，预算部门（单位）自评，财政部门重点评价和督评。以上职能定位是基于以下原因考虑的：第一，知情。预算部门（单位）是财政预算资金的执行者和使用者，从预算绩效目标的设定、预算执行和执行结果来看，它们是预算绩效管理的直接参与者，对本预算部门（单位）的财政资金的收入和支出的来龙去脉和使用情况最清楚，适合"知情人评知情事"。第二，专业。近年来，财政和预算部门陆续发布了一系列的关于绩效管理相关的法规条文，指导并监督下级单位部门按照条文法规去贯彻执行具体工作，对政策方针的把握最为专业。第三，执行力强。财政及预算部门充分具备有效利用资源、保质保量达成目标的能力，贯彻战略意图、完成预期目标的操作能力，通过评估和监督政策执行落实情况，影响行政运行机制，从而提高政府和个人的执行力。

财政部门应做好改革方案设计、制度体系建设以及相应技术规范制定等工作，为预算绩效管理的开展提供一定的标准和规范。首先，财政部出台相关预算绩效管理法规文件，使预算部门单位能够据以有效地开展绩效评价活动。例如，财政部出台了《财政支出绩效评价管理暂行办法》等具体指导文件，各级各地方政府预算部门（单位）仔细研究，依据文件要求结合本级本地实际，制定实施规范并执行预算绩效评价工作。其次，对于中央及地方的重点民生领域和项目资金支出，财政部门预算评价中心和驻各地财政监察专员办事处要组织进行重点评价。据财政部统计，在2016年，中央部门就已经对451个项目开展了重点绩效评价。最后，协调推进预算绩效管理，保证工作顺利实施。例如，完善政府预算信息，组织预算部门（单位）按照政府会计准则对预算收支以及资产、负债、净资产、收入和费用进行会计核算，负责出具综合政府财务报告，为下一步开展预算绩效评价提供数据来源。

预算部门（单位）提供的政府会计信息本身也是一种绩效。这种绩效不一定按照指标计算出得分或等级，但是反映了预算资金使用的来龙去脉。政府会计向社会公众和其他利益相关者提供本级政府部门或单位的财务状况、资金收支和成本耗费等会计信息，以便履行公共受托责任，实现政府财政信息的公开透明，以便更好地约束政府行为，减少腐败。公共资源的极大浪费，其根本原因还是政府缺乏存量会计信息的提供机制和约束机制。① 当前财政部门要做的工作就是保证真实可靠的政府预算收支及其相关的会计信息，同时强化部门协作，推进一体化政府预算管理信息系统联网工作，统一预算单位会计核算管理系统，与预算绩效管理对接，提高管理效率。

预算部门（单位）负责本级部门（单位）的预算绩效管理以及对其开展绩效自我评价。相对于外部评价而言，自我评价人员更了解评价对象的具体情况，无须花费额外的时间和精力去解释相关的政策，获取信息来源更为便利。在编制年度预算时，同时上报绩效目标，预算部门（单位）从财政部门分配到预算资金后，按照绩效目标有效地实施工作或项目。按期上报绩效自评报告，详细说明绩效目标的完成情况，提供与目标相对应的完成明细清单，报告力求清晰明了，责任明确。

2. 审计部门职能定位

根据《审计法》的第二条，可以将国家审计职能概括分为财务（真实合法）审计和绩效（效益）审计。发达国家普遍对财政预算执行规范建立起了比较完善的控制机制，其预算执行的真实合法性问题早已不是关注的焦点，工作重点由财务审计转移到了绩效审计上，绩效审计工作量所占比重较高。但是在中国当前的财政环境下，预算的违规性问题仍然普遍存在②，政府审计实务工作仍然偏重传统的财务审计，出具的审计结果公告中财务审计比重较高。目前我国还没有专门针对政府绩效审计的法律法规，对绩效审计工作没有进行有效的指导，但也不能完全照搬国外经验，急于将工作重点转移到绩效审计

---

① 徐经长，何乐伟. 以政府会计改革助推全面绩效管理 [J]. 中国行政管理，2018（6）：157 - 158.

② 郑石桥，孙硕. 预算调整、预算透明度和预算违规——基于中央各部门预算执行审计面板数据的实证研究 [J]. 审计与经济研究，2017（3）：1 - 13.

上来。

中国审计部门长期以来主要围绕真实性和合法性从事传统财务审计，即"钱花得对不对"。即使在《审计署"十二五"审计工作发展规划》中明确提出要全面推进绩效审计，但绩效审计并没有深入推进实施，到现阶段显得比较尴尬。2018年政府机构改革优化审计职能，将国家发展和改革委员会对重大项目、预算执行的监督检查职责划入审计署，又增加了审计署的职能范围。所以，中国审计机关职能定位在对预算部门（单位）所出具的财务报告和绩效报告进行审核最为适宜。绩效审计就是对绩效报告的审计，采用直接派驻评价工作现场的形式，审查绩效报告是否真实合法，是否遵守预算绩效管理的法律法规相关要求，即对预算绩效管理工作的再评价。这主要出于以下几个原因的考虑。

第一，中国目前政府预算管理的阶段目标更适合以真实合法性的财务审计为主。政府预算管理目标首先满足公共资金使用真实合法之后才能向使用绩效目标转移。国家审计署每年向全国人大常委会报告年度中央预算执行和其他财政收支的审计工作，从报告的内容和审计移送的重大违纪违法问题线索的情况看，大部分仍是财务审计所发现的违法违规问题。据《南方都市报》对财政专项扶贫资金违规情况的统计，2017年约有7.3亿元扶贫资金被发现虚报冒领，挤占挪用。这说明现实情况中预算使用的合法合规性这一基础还不能忽视。

第二，审计实践过程中的独立性仍受到挑战。国家审计署主管全国的审计工作，受国务院总理的直接领导，向国务院报告。国家审计署依照法律独立行使审计监督的权力，不被任何个人、部门或组织所干涉，即保持独立性。但是，审计署与财政部级别相同，同受国务院的领导，审计机关所履行职责必需的经费来自财政预算划拨，并由本级人民政府给予保证。各级政府资助审计机关的审计工作活动，财政部门向审计机关分配预算资金，审计机关还要接受财政部门的指导和监督，这种融资机制对审计机关的独立性产生了负面影响，使之与政府部门有着千丝万缕的联系。

第三，政府审计需求加大与审计力量供给不足之间存在矛盾。中国的社会公众、人大及各级政府都对政府审计有广泛的需求，通过政府审计来掌握受托方履行公共责任的情况，监督受托方对公共权力的运行及公共资源的配置。但是在新形势下，各级审计机关的审计力量普遍不足，"财会型"的审计人员仍为主要力量，缺乏绩效审计的复合型人才，绩效审计的目标和方法指引不明以及审计人员偏少与任务繁重的矛盾日益突出，难以满足开展全面绩效审计工作的要求。

3. 人大、监察等职能定位

除了财政部门及预算部门（单位）和审计机关外，人大、监察等也是政府预算绩效管理主体的重要组成部分。根据本部门的工作重点，有针对性地进行相关评价，及时发现问题，与主管部门建立信息共享和联动机制，加强协同配合。

绩效理念不仅体现在本级以及部门预算编制、支出绩效评价，还体现在人大的预算审查视野中。人民代表大会是中国的最高国家权力机关，其颁布的法律法规是政府依法治国的依据。政府预算绩效管理工作的各个环节规范需要全国人大进行专门立法，对全国以及各级的政府预算绩效管理工作予以规范，牢固树立绩效的财政管理理念。政府预算绩效评价结果要向人大汇报，接受财政监督。人大的职能不但从顶层设计上立法，去规范预算绩效管理各项工作，还有审查预算执行绩效情况，以体现立法机关对行政机关的充分监督。湖北、黑龙江、广东省级人大陆续通过了关于预算绩效管理的决议，虽然没有正式立法，但人大参与政府预算绩效管理的步伐正在不断加大。山西省财政厅2016年特别邀请了省人大财经委和预工委人大代表作为监督指导员，首次全程参与了绩效评价报告专家评审。这种参与式监督的创新方式，推进了预算绩效管理和绩效监督的探索与实践。因此，应在全国人大财经委下设置预算绩效评审处，以提升人大作为立法机关参与行政机关预算监督的力度，在行政体制外整合并组织绩效评审的各种相关资源，解决人大绩效评审力量不足的困境。

财政部从2016年开始，向全国人大常委会首次提供了一册名为《2015年部分重点项目绩效评价报告》的材料。审计署向全国人大常委会报告对中央决算草案审计的情况，指出"未按要求报告财政资金绩效情况"。人大财经委和预算工委通过监督审查预算执行绩效的情况，提出整改意见，加强对政府预算的审批。因此，人大的工作重点还应放在预算审批上，将一同上报的绩效目标与预算批准金额相挂钩，没有绩效目标的预算请求不予拨付预算资金，从立法环节强制性地引入绩效目标的评价。

2018年国务院机构改革，设立国家监察委员会，将原监察部和国家预防腐败局并入其中。国家监察委员会和中央纪委合署办公，履行监督执纪问责和监督调查处置的双重职责，在取证中，往往涉及预算资金的查账审查、绩效管理等方面，从中发现问题，查处贪污腐败等违反党纪政纪的行为。因此，对其定位在预算绩效管理的辅助地位，可不定期选取部门或项目进行专项、日常和派驻等巡视监督，与承担评价任务相关部门和人员协同贯通，避免重复工作。若发现绩效管理存在问题，移交财政部门、检察机关进行处理，并及时向人大报告。

7.1.3 第三方主体定位

多年的政府绩效评价工作使政府意识到政府作为评价主体，存在裁判员和运动员的角色冲突，遂开始转向相对独立的第三方实施评价，引入体制外部的监督力量。经过多年的试验，第三方机构或人员已逐渐被政府部门或单位所接受。湖北省、广东省和河北省等省份已出台针对第三方参与预算绩效评价的相关办法或业务指南，规范具体操作。评估结果质量主要依靠第三方机构在评估过程中所表现的独立性、客观性与专业性。笔者作为第三方机构的评估人员连续多年多次参与河北省脱贫绩效考核，与县级、乡镇的扶贫干部和村干部进行工作对接，与扶贫干部就相关实际问题进行了积极交流，发放问卷进行调研后发现，第三方评估主体的独立性与专业性仍是影响评估结果的主要因素，详见附录3。

独立性是第三方的法宝，但要认识到独立性是相对的而不是绝对的。世界银行认为独立性有四个方面，分别是机构独立、行为独立、保护不受外界影响以及避免利益冲突。实践中，无论是委托第三方还是独立第三方，靠自身能力完全独立地去完成绩效评价工作是不可能的。其原因在于：第一，第三方有权展开调查和报告评价结果，但这种权利不是自身所带有的，而是政府授予或者法定的。第二，第三方机构评价的运转资金主要来源于政府预算，政府通过其采购支付服务费用，并按预算经费的管理办法使用。即使第三方评估经费完全依靠自筹，也并非长久之计，评估毕竟是一项长期工作。第三，第三方实地采集第一手指标数据需要政府部门的支持和配合，完全独立于政府几乎是不可能实现的。例如对贫困村和贫困户进行入村入户调查，采集数据时，受访对象是否能有效配合，需要有基层政府人员的引导，尤其是入户调查，如果没有官方的支持，可能会面临入户困难而无法采集数据。因此，绩效评价的重点应放在相对独立的前提条件下保证专业性、公正性和客观性，参与政府组织的绩效评价。

专业性日益成为第三方评估质量的关键问题，并成为被调查者最为关注的问题。例如，评估人员在进行入户访谈采集数据时，仅以直接或间接获取的量化指标去判断是否存在问题而得出结论，难免片面化。基层扶贫工作具有一定的复杂性，有些问题不能只靠简单地计算得到，不仅需要评估员根据实际调查访问与合理判断，寻找佐证材料将定量分析与定性分析相结合，还要依靠评估员对基层扶贫工作和当地农户情况的熟悉程度，从而全面综合地得出结论。因此，第三方评估是一项复杂的工作，对评估人员的专业素养、社会阅历、政策理解等方面都有着较高要求。

另外，第三方机构有足够的时间、人员和精力从事第一手数据的采集。遵循"随机抽样"原则，以访谈、座谈会等和以电话访问、网络访问、街头拦截、入户调查等定性和定量相结合为主要调查方式。例如，一般预算资金绩效评价可交由中介机构或专家组，一般 10—20 人的评价团队即可完成。重大政策落实、公众关注热点等影响面广的项目，需要大规模的入户调查或街头拦截，可交由学术机构组织专业人员参与调查。原始数据以保存视频、音频、书面等形式一并录入系统，做到有据可循，最终形成客观的第三方绩效报告。

政府预算绩效评价过程中，客户或受益对象的满意度指标维度必不可少，体现社会公众对政府治理的参与度。涉及公众意愿和绩效后评价的公众满意度等维度指标的数据获取及其分析可以交由第三方实施，进行第一手数据的采集，采集后及时将其数据录入数据管理系统，分析得出报告。这份报告的生产过程不经手受评部门，保持相对的独立。政府可以通过政府购买方式即付费购买调查报告。第三方评价机构接受财政部门、预算部门单位、审计部门或人大监察等委托，对其使用预算资金的绩效进行评价，编制绩效报告作为政府购买服务的最终产品。第三方评价机构主要从预算资金的直接受益者那里得到最客观的调查数据。

综上，在预算执行合法合规的基础上，中国适宜建立由人大立法，财政部门统一领导，预算部门、单位或项目自评为主，相关部门发挥辅助职能性作用，第三方等力量参与外部评价，将绩效结果汇总报告人大的政府主导绩效管理模式，详见图 7-3。政府作为公共部门的最大主体，主导着公共财政资源

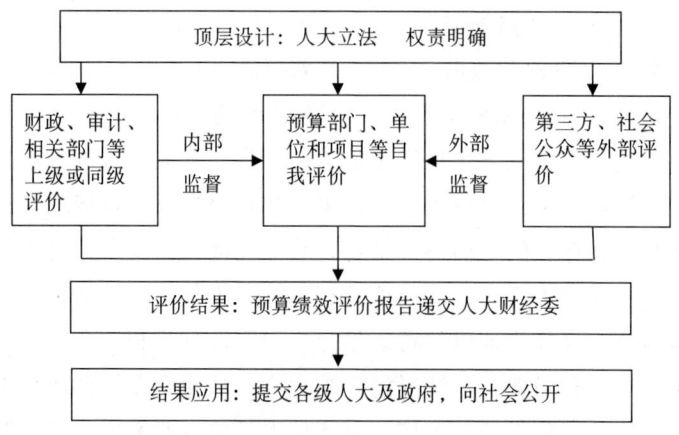

图 7-3 政府预算绩效管理参与主体职能分工

的配置，也应成为政府预算绩效评价具体规则的制定者，最高立法机关通过用制度去明确绩效评价各主体的权责，理清主体间的协作关系。有效的分权应当是以适当的监督为前提的，对政府预算绩效管理，进行预算监督，将社会的外部评价和部门的内部评价实现有机统一，其综合效应才能充分发挥出来。

7.2 全面推进绩效管理与预算管理的深度融合

7.2.1 提升第三方绩效评估质量

第三方是政府绩效评价主体的新生中坚力量，不仅包括会计、评估等营利性中介机构，还包括科研院所、高校以及专家等非营利性单位组织，其评估结果为政府施政提供了决策支持。无论是财政部门及预算部门单位，还是审计部门，都可以通过政府购买服务的方式，委托第三方对重大政策和项目进行绩效评估。通过对31个省（自治区、直辖市）的省级财政厅官网，以"绩效"为关键词进行检索或搜索，2011—2018年，官网发布的规范第三方（包括第三方机构、中介机构、专家和智库）参与预算绩效管理的地方文件数量达到48个，共涉及25个省。从这些文件的具体内容看，地方政府部门不仅肯定了第三方评估的专业性、独立性、客观性和公信力等特点，也开始关注第三方所提供评估服务的质量问题。例如，上海于2018年出台了《上海市第三方机构财政支出绩效评价工作质量评估办法（试行）》，评价组织者对绩效评价报告质量及评价工作实施质量进行评估。

第三方绩效评价结果质量主要依靠在评估过程中所表现的独立性、客观性与专业性。长期以来，学术界给予第三方评估太多的赞美，但存在第三方以专家视角说外行话，未处理好"外行评价内行"的问题。[①] 专业性成为关注的焦点。因此，应将第三方的专业性作为提升绩效评价的重点，可以考虑出台规范第三方评估的法律。目前已出台的法规文件主要是规范政府采购第三方评估服务，站在政府角度，委托第三方开展绩效管理和评价工作，但是对第三方的约束涉及较少，应将注意力转移到第三方评估质量的提升上来。结合已有的实

---

① 尚虎平. 激励与问责并重的政府考核之路——改革开放四十年来我国政府绩效评估的回顾与反思 [J]. 中国行政管理，2018，398（8）：85-92.

践，应规范第三方的评估流程，不同的评估机构对同一评价对象的评估结果不应有较大的差异；引入市场竞争机制，对第三方的专业性、客观性和独立性进行质量评价，将规范运作的第三方纳入政府采购服务系统中，逐步淘汰不合格的第三方机构。

7.2.2 扩展绩效评价对象范围

绩效评价的范围，由对重大政策和项目的绩效评价，转向全覆盖、全方位的预算绩效管理，不但包括一般公共预算，还要对政府性基金预算、国有资本经营预算和社会保险基金预算进行绩效管理和评价。政府绩效评价的对象应是政府的行为，但是政府组织或人员的任何行为都伴随着公共资源的使用或公共资金的支出，这些均来自财政预算的支持。政府预算绩效评价对象应是预算资金的支出对象，并不是专门针对政府人员和部门单位，但使用预算资金的政府人员和部门单位执政的效果（公众满意度）也是公共预算支出绩效的表现。因此，除保密部门、单位和项目外，所有使用公共资金的部门、单位和项目都应该作为绩效评价的对象范围，既包括四本预算支出，也包括重点民生政策和重大项目支出。综上，基于以下考虑：一是预算是可计量的。预算是政府的收支计划，以资金的形式反映，在进行绩效评价的定量分析中公共资金的运动可以相对准确地计量。二是预算是有据可循的。政府会计信息及其综合财务报告等相关信息为绩效评价提供了可靠的数据来源。三是预算支出的绩效评价，不考虑预算收入。在当前阶段，主要集中解决的是预算支出的真实合法和绩效问题，重点不在收入。需要注意的是，在选择可评价的项目时，不是所有项目都要作为评价对象，而是只有效益性的项目才值得评价。

7.2.3 量化预算绩效目标和指标

目标和指标的设计应该由预算部门（单位）确定，财政部门战略性指导，社会力量参与献策。借鉴发达国家做法，预算部门（单位）或项目在向各级人大报送预算时，不仅要有计划目标，还要有能反映预算使用效益的指标体系，为考核提供标准依据，并将目标和指标向社会公开，接受外部监督。

1. 政府预算绩效目标设置

目标是组织或个人行动将要达成的期望，是一种主观意愿。设置绩效目标，可以规范资金使用的用途和进度，防止资金的浪费。公开绩效目标，可以提升预算管理的透明度，这不仅是预算执行工作的出发点和落脚点，也是设计评价指标的基本依据。政府各单位、部门只要使用预算资金，就要对其达到的效果设立相应的绩效目标体系，明确资金的流向和目的，规范自身行为。2018年，中国已基本实现一般公共预算和中央部门所有项目的绩效目标监测全覆盖，中央层面加大了对绩效目标环节的管理。

绩效目标的合理设置关系到预算资金使用的正确方向。绩效目标是政府预算部门和单位利用公共资金提供公共服务的战略使命和预期成效，它首先要反映的是公共价值和公共利益的目标——增进人民福祉，获得社会公众的认可，这是由社会主义制度赋予人民的权利，也是公共经济绩效管理的基本依据。在衡量预算绩效时，受益群众的认可度和满意度应作为权重最高的绩效指标维度。在此基础上，绩效目标分为总体目标和具体目标。总体目标是政府履行职能所达到的战略部署任务，通常依据国家发展战略、重大政策或项目而制定，是一种长期任务计划，具有相对稳定性。而具体目标在总体目标战略方向的指引下，分时间、分步骤所需要完成的阶段性目标，是一种短期任务计划。在不同的阶段时期，目标任务可能会有一个动态的调整。财政部要求预算部门、单位在编制预算时，必须同时设置绩效目标报送人大批准，除保密单位和项目外，公开预算绩效目标，将资金使用的绩效责任明确到各预算部门和单位。

目前，财政部门设计了"项目支出绩效目标申报表"，要求所有支出都要填写上报表格，但是具体内容过于笼统，量化不足。因此，要明确绩效目标内容，具体有：第一，编制依据。说明目标是如何满足公共利益并依据总体目标和具体目标进行编制的，保证公共支出方向的正确性。第二，完成计划。每个阶段的目标任务要详细地进行分解，需要用多少预算资金保障目标的完成，评价主体组织实施的大致流程，在什么时间范围内完成等。第三，产出效果。对应预算，需要完成的具体工作或公共服务而提供的综合效益以及利益相关者满意度等，定量描述为宜。第四，与指标对应。设置的目标能够转化为相应的定量或定性指标，使指标能够衡量目标完成的程度和结果。

2. 政府预算绩效指标开发

政府机构制定了绩效目标和计划，如果不能通过有效的指标来衡量，也很难达到预期的效果。绩效目标的完成程度不一定只使用定量指标来衡量，而应该采用符合有关绩效目标特点的定量和定性指标相结合测量绩效。设置科学合理的绩效指标可以准确衡量预算资金使用绩效，事关绩效评价结果质量可靠性的高低。

绩效指标设计应与绩效目标考核内容相一致。基于目标的绩效评价，其关键因素是保持绩效评价过程的公平性和客观性，预算部门可以使用具体的、量化的绩效指标来衡量其目标的完成程度。目前中国的指标体系一般分为三级。一级指标是根据评价维度确定的，通常也称为共性指标。二级及其三级指标是在每个评价维度下设置的具体指标，也称为个性指标。目前，财政部文件规定的共性指标主要包括投入、过程、产出、结果和满意度等。学术界和实务界借鉴企业绩效评价的方法去设置共性指标，例如平衡记分卡、关键指标法和标杆管理法等，或者是引用国际做法设置原则，例如相关性、效果性、效率性和持续性等。但无论采用何种方法，都要分析评价对象的特点，针对不同的评价对象和内容设置相适应的维度及其具体指标，而不是统一为一个标准。

中国每年预算资金支出量巨大，项目数量庞大，地方财政部门建立了庞大的指标库，但是指标数量未必越多越好、越全越好。进一步的研究不应再围绕设置庞大的具体指标群，而是去设计具体指标所应遵循的原则，引领指标设置的方向，合理反映目标的实现情况。国际社会较为认可的指标开发通用原则是"CREAM"原则，即Clear（清晰）、Relevant（相关）、Economic（经济）、Adequate（充足）和Monitorable（可监测）。结合中国国情，绩效指标体系的开发也要遵循一定的原则，要体现主管部门简政放权，依据绩效目标，由财政部门、预算部门（单位）和评价对象及其利益相关者共同协商确定，上报财政部门审批，即共同协商、原则指导。

就政府预算绩效评价来说，指标开发原则具体可以考虑为：第一，针对性。根据目标设置指标，即以完成绩效目标为主要依据，结合本部门单位的实际情况，设置相应的绩效指标，报备上级主管部门。既要符合项目或部门单位的行业特点，又要体现政策方向。注意要减少无效指标，增强指标的可操作性和实用性。尤其是专项支出，由于其目标的特殊性，指标针对性更强。第二，可协商性。评价组织者是指标的设计者或决定者，但受评对象作为指标考核对象，也要参与指标的设计，不能只是被动接受指标考核，充分体现政策执行的上传下达，有利于指标数据的采集。第三，可量化。评价指标按照是否可量化，可以分为定量指标和定性指标。定性指标以主观判断较多，因此，指标设计应尽量以定量指标为主，定性判断作为重要参考。在保证数据采集的准确性和真实性的前提下，能量化的指标都要实现量化，无法量化的定性描述务必准确到位，获取佐证材料事实支撑，使绩效评价有据可循。第四，动态化。指标是一个动态变量，由于目标常量已设定好，在具体执行过程中，期间可能发生不可测的客观因素影响了目标的实现，只要具备充分的理由和依据，可以动态地调整目标和指标并上报备案。

7.2.4 监测预算绩效信息输出过程

以政府为主导力量，组织或委托开展绩效评价工作，无论评价主体是哪一方，从制定计划到报告结果，都应遵循规范的工作流程。绩效管理工作是一个管理控制系统，可以将预算绩效信息监测的流程划分为绩效指标的设计、绩效数据的监测和监测数据的分析三个环节。

1. 绩效指标设计

如何监测部门、单位职能和项目的成效，绩效指标为绩效衡量提供了一个有效的工具。当评价主体开展评价工作之前，根据评价目标开发具体的绩效指标，将每个层面目标转化为定量或定性的指标，并对相应指标进行监测，以便对数据分析，评价目标实现的情况。具体做法如下：一是明确绩效目标的内容。其中至少应该包括预算资金的受益对象、预期达到效果、实施计划安排和预计完成时间四个方面。二是确定绩效目标的依据。目标是如何确定下来的，不是靠主观的想象或臆断，要遵循循序渐进的原则，在以往目标完成的程度基础上结合最新政策目标考虑增量任务。三是根据绩效目标设置绩效指标。指标是评价成败的关键，要充分反映评价对象对预算执行的成效。指标要围绕目标，根据指标开发的原则，多维度、多层次地进行设计。指标太少，无法充分衡量一个目标；指标太多，不仅收集成本会大大增加，而且会过多分散目标值。根据经验，衡量一个目标维度的关键指标数量一般在 2—10 个范围内，不宜过多，依具体情况而定。

2. 绩效数据监测

监测是一种围绕特定的指标系统收集相关数据，进而向绩效管理者及主要利益相关者提供绩效目标实现进度以及分配的资金使用状况信息的持续性活动。监测活动贯穿于项目或预算执行的全过程，检查与绩效目标的偏离度。

为监测绩效情况，需要搜集资金受益对象、项目活动、产出结果和满意度等方面的信息。第一，明确绩效目标数据。评价主体要准确找到受评对象的绩效总体目标和具体目标，每一个参与者都要对监测对象所应达到的目标达成共识。这种共识具体来说就是部门单位、政策、项目实施目标的结果，内部评价相对于外部来说更具优势，所以，外部评价主体事先要做好充分的了解，掌握预算绩效目标。第二，确定绩效指标所需数据。指标的确定要参照绩效目标，选择适用方法，充分考虑受评对象的绩效完成进度。目标是预算资金使用要达成的结果，指标是测算预算资金使用结果，指标结果与目标的偏离是进行归因分析的重点。受评对象对指标的确定有充分的参与权利，当指标考核超出工作范围和能力时，会影响评价的结果，甚至导致弄虚作假的出现。第三，采集指标真实数据。收集绩效相关的信息，利用文献查阅、实地调查等方法进行数据的采集，通过政府审计、问责机制保证信息的真实客观。第四，形成数据库。采集到的数据信息全部录入数据信息库，对其进行鉴别、筛选和核对，统一指标口径，为进一步的数据分析做准备。

3. 监测数据分析

绩效评价主体为了客观公正地反映被评价对象的绩效，利用各种方法收集数据信息进行监测，这是绩效评价的基础和依据。评价主体将受评对象执行预算的数据采集整理之后，就需要进一步地对监测数据进行分析和归因，从而形成有价值的结果报告。数据的分析主要是针对产出的成效、服务质量、客户满意度等方面进行监测，将指标采集的数据进行计算汇总，与部门、单位或政策项目预算支出的绩效目标进行对比，看是否完成预期的目标，如果没有完成，要对差异情况做出说明。这一部分报告的文本形式上尽量使用列表来反映，将前期收集的目标和指标数据对比汇总而成，可以清晰地反映出目标完成情况。

7.2.5 改进整体支出绩效评价方法

中国地方政府绩效评价工具应根据实际进行必要的创新和改善，减轻繁文缛节式的评价方式。① 这符合中央"创新评估评价方法"的要求。方法是进行绩效评价的一种工具和手段，预算资金使用的方式不同，绩效评价方法也有所不同，即不同的评价项目和内容采用不同的方法。专项预算支出，包括执行重大政策预算支出和重点项目预算支出，应具体问题具体分析，一事一评，不同的评价项目根据绩效目标设计专门的绩效评价方法。预算部门或单位整体支出的绩效评价，可以构建物元综合绩效评价模型进行量化评级。该方法的指标设计相对明晰，计算简便，增强量化考核的力度，尤其是县级、乡镇级等基层政府部门和单位便于操作。主要过程为绩效指标的设计、获取及其评分测算。

1. 物元综合绩效评价模型

物元综合绩效评价模型采用的是物元分析法思路，与平衡记分卡、关键指

---

① 赵早早. 美国地方政府预算绩效管理实践及其对我国改革的启示——以美国波特兰市为例[J]. 江苏师范大学学报（哲学社会科学版），2019（4）：88-97.

标法与层次分析法相结合，借鉴私人部门绩效管理的方法，确定预算部门或项目绩效评价的维度、指标及其权重，获取经审计无误后的指标数据，构建多指标性能参数的综合绩效评价模型，量化反映评价对象的综合绩效水平等级。

（1）平衡记分卡。

平衡记分卡（The Balanced Score Card，BSC），最早是用于企业绩效评价的一种管理工具，它是由美国哈佛商学院的罗伯特·卡普兰（Robert Kaplan）和戴维·诺顿（David Norton）两位教授在1992年提出来的，以企业战略为中心，从财务、客户满意、内部运营和学习与成长四个维度来设计具体的绩效评价指标，寻找了一种超越于传统的财务维度之外的维度，多角度来综合考核组织单位绩效。

经过多年的实践和理论证明，平衡记分卡也同样可以运用于公共部门，综合衡量部门和单位整体支出绩效。相对于私人部门追求利润最大化的经济利益导向不同，公共部门职能是以社会公众满意为导向，以内部学习成长和规范运营为手段，通过财务进行预算控制。因此，可以对四个维度自身进行调整，部门和单位的运行成本和管理效率作为财务维度，社会效应和服务对象满意度等作为客户满意维度，履职效能作为内部运营维度，可持续发展能力作为内部学习成长维度。

（2）关键指标法。

关键指标法（Key Performance Indicator，KPI），是企业绩效管理所使用的一种目标式的量化指标设计方法。它采用了企业管理学中的"二八原理"，即企业80%的绩效是由20%的关键指标来引领完成的。因此，只要抓住这20%的关键指标，对之进行集中测量分析并加以不断改进，就能抓住绩效评价的重心。

关键指标法也可用于政府预算绩效评价中，通过设计20%的关键指标对绩效进行各方位考核，就能带动80%的绩效改进。指标的选取应根据政府预算的绩效目标和重大政策项目的要求来进行设计，结合被评价方的执行情况，按照有效性（客观真实）、重要性（有较大影响）、可操作性（明确定义和计算方法）的原则确定20%的关键指标。关键指标可以采用定量或定性的指标描述确定下来。

（3）层次分析法。

层次分析法（Analytic Hierarchy Process，AHP），是一种在处理复杂的评价决策中，进行方案比较排序，以确定权重比例的定量和定性相结合的方法。其核心思想是把复杂的评价问题层次化，把上下的每个层次的相对重要性定量表示为判断矩阵，通过求出判断矩阵特征向量来确定每一层次的各元素对上一层次某元素的权重，思路详见图7-4。

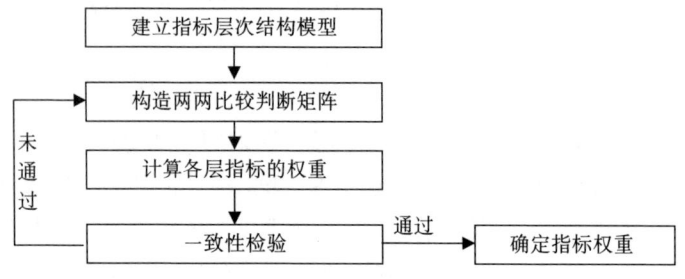

图7-4 层次分析法应用流程

这种方法可以用来确定绩效评价指标的权重。首先，对绩效指标进行分层，按从总括到具体，一般包括目标层、领域层和指标层。结合平衡记分卡和关键指标法的思想，将评价对象指标体系作为目标层，按照财务、客户满意、内部运营、学习与成长这四个维度形成领域层，在这四个维度的每一维度下选取关键指标形成指标层。其次，根据T. L. Saaty的1—9级标度和满足条件，对同一维度的领域层下，前后两个指标以及两个领域层的重要性程度进行两两赋值比较，构造比较判断矩阵。再次，计算各层次指标权重并排序，然后进行一致性检验。最后，检验通过（CR<0.1）后最终确定领域层的维度权重和指标层的指标权重。整个操作过程可以通过软件完成。

（4）物元分析法。

物元分析法的使用，要与平衡记分卡、关键指标法与层次分析法相结合，构建物元综合绩效评价模型，对部门、单位的整体支出绩效进行综合评级。物元分析法（Matter - element Analysis，MEA）是一种多元数据量化分析法，由中国学者蔡文教授创立。这种方法以数学的可拓集合为基础，将复杂的实际问题概括为相容性问题和不相容性问题，并将不相容问题转化为相容问题进行处理。近年来，该方法被普遍用来分析项目决策、风险等级和项目评价等领域。用物元分析法进行综合评级，一般分为四个步骤：第一步，建立物元矩阵；第二步，确定经典域和节域物元；第三步，计算关联度；第四步，确定综合评价等级。

第一步，建立物元矩阵。物元的三要素分别是事物、特征和量值，分别描述为N、C和V。基本单元R可以表述为$R = (N, C, V)$。事物N的特征C可能不止一个，假设存在n个特征，这些特征可以分别表示为$C_1, C_2 \cdots, C_n$，其对应的量值分别是$V_1, V_2 \cdots, V_n$，物元的三要素可用下列矩阵来表述：

第 7 章　中国政府全面实施预算绩效管理制度的优化措施

$$R_0 = (N, C, V) = \begin{bmatrix} R_1 \\ R_2 \\ \cdots \\ R_n \end{bmatrix} = \begin{vmatrix} N_0 & C_1 & V_1 \\ & C_2 & V_2 \\ & \cdots & \cdots \\ & C_n & V_n \end{vmatrix} \quad (7.1)$$

平衡记分卡将事物基本单元分为四个维度，每个维度就用 R_j 表示，作为基本单元 R 的分物元，依然满足 $R = (N, C, V)$。

第二步，确定经典域和节域物元。事物用 R 来表示，考虑维度用 N_j 来表示，N_j 特征用关键指标 C_i 表示第 i 项特征。在每个关键指标 C_i 特征所属等级量值的取值区间为 $V_{ji} = (a_{ji}, b_{ji})$ 时，即指标数据所对应的绩效级别数值范围。经典域物元的表达式为：

$$R_j = \begin{vmatrix} N_j & C_1 & (a_{j1}, b_{j1}) \\ & C_2 & (a_{j2}, b_{j2}) \\ & \cdots & \cdots \\ & C_n & (a_{jn}, b_{jn}) \end{vmatrix} \quad (7.2)$$

所有的绩效维度 N_j 和关键指标特征 C_i 构成物元 P，称所组成的物元 R_P 为节域物元，节域物元 R_P 关于特征 C_i 的所有等级的量值范围可表述为 $V_{pi} = (a_{pi}, b_{pi})$ 可用下式表述：

$$R_P = \begin{vmatrix} P & C_1 & (a_{p1}, b_{p1}) \\ & C_2 & (a_{p2}, b_{p2}) \\ & \cdots & \cdots \\ & C_n & (a_{pn}, b_{pn}) \end{vmatrix} \quad (7.3)$$

在公式（7.2）和公式（7.3）中，(a_{ji}, b_{ji}) 与 (a_{pi}, b_{pi}) 的隶属关系为：$(a_{ji}, b_{ji}) \subset (a_{pi}, b_{pi})$ 且 $(i = 1, 2, \cdots, n)$。

第三步，计算关联度。区间范围用 X_0，即表示 $X_0 = |b - a|$，那么区间中的任意一点 X 到 X_0 的距离可以表示为：

$$P = (X - X_0) = \left| X - \frac{1}{2}(a+b) \right| - \frac{1}{2}(b - a)$$

对关联函数 $K_j(X_i)$ 可定义为：

$$K_j(X_i) \begin{cases} \dfrac{-P(X_i, X_{ji})}{|X_{ji}|} & X_i \in X_{ji} \\[2mm] \dfrac{P(X_i, X_{ji})}{P(X_i, X_{pi}) - P(X_i, X_{ji})} & X_i \notin X_{ji} \end{cases} \quad (7.4)$$

在公式（7.4）中：

$$P(X_i, X_{ji}) = \left| X_i - \frac{a_{ji} + b_{ji}}{2} \right| - \frac{(b_{ji} - a_{ji})}{2} \tag{7.5}$$

$$P(X_i, X_{pi}) = \left| X_i - \frac{a_{pi} + b_{pi}}{2} \right| - \frac{(b_{pi} - a_{pi})}{2} \tag{7.6}$$

其中，X_i 表示第 i 个指标的实际值，$X_{ji} = |a_{ji} - b_{ji}|$ 表示第 i 个指标的 j 等级经典域，$X_{pi} = |a_{pi} - b_{pi}|$ 表示第 i 个指标的节域。$P(X_i, X_{ji})$ 表示第 i 个指标实际值到 j 等级经典域的距离，$P(X_i, X_{pi})$ 表示第 i 个指标实际值到节域的距离。

通过公式（7.4）可以计算出各指标对各绩效等的关联函数值，即关联度 $K_j(X_i)$，数值的大小表示被评价对象属于某个等级（经典域）的程度。

第四步，确定综合评价等级。根据公式（7.4）计算得到绩效指标针对绩效等级的关联函数值 $K_j(X_i)$ 与层次分析法计算得出的各绩效指标的权重系数 W_i，计算各维度和各指标的综合关联度，表达式为：

$$K_i(P_0) = \sum_{i=1}^{n} W_i K_j(X_i) \tag{7.7}$$

其中，W_i 为第 i 项评价指标的权重；$K_i(P_0)$ 为第 j 级的综合关联度。若某级别所对应的综合关联度值在所有级别对应的综合关联度值中为最大，则评价结果就应属于该绩效级别。

综合以上四种方法结合使用，构建物元综合绩效评价模型。平衡记分卡用来解决评价维度问题，关键指标法解决评价具体指标选取问题，层次分析法用来测算维度或指标的权重系数的确定，物元分析法最终确定预算部门或项目的综合绩效评价量化得分等级。将多种企业绩效管理方法适当改造，移植运用到公共部门整体支出绩效评价上，量化结果明确，操作简单且易于推广。当然，确实不宜用量化指标进行绩效评价的内容，也可以在定性分析的基础上，根据实际情况来进行判断。

2. 物元综合绩效评价模型案例应用

基于数据可得性，本节选取事业单位为例。考虑教育类预算支出占比较大，故选取了高等院校进行案例研究。高校属于公共财政预算范畴，享受政府财政资金拨款，执行政府会计制度和准则，其经费使用效果关乎国家人才培养和科技创新的长远大计。中国高校预算管理需要遵照政府会计准则和财政管理制度，在使用一般经费和专项经费时事先编制财务预算，按预算计划安排使用资金，进行财务控制。其目的在于规范资金的合理使用，优化资金的配置。在此，以地方 H 高校为例，采用物元综合绩效评价模型对单位整体支出进行绩效评价，具体操作步骤如下。

（1）构建 H 高校经费绩效评价指标。

高校属于公共服务领域，相比公共部门又具有一定的特殊性。考虑到地方高校的层次、定位，在构建其维度时，不能完全照搬企业或中央重点高校，应该结合自身的发展水平因地制宜地构建绩效评价指标体系，指标的数量未必越多越好，需要确定关键绩效指标。

根据平衡记分卡的理论，将目标层分解为 A、B、C、D 四个领域维度，在具体指标设计时，从 H 高校的办学层次、建设目标出发，考虑指标数据的可获取性、可理解性和通用性，力求全面反映高校职能。向 H 高校及其政府主管部门中熟悉维度内容的 30 名专家发放第一份调查问卷，主要采用实地走访记录的方式，统计意见选取每个领域维度下若干项具体指标，选取指标层的关键指标数量共计 18 个。具体指标层的指标内容见表 7-1。

表 7-1　　　　　　　H 高校绩效评价指标体系

目标层	领域层	指标层
绩效评价指标体系	A 财务维度	A_1：年度专项经费占财政拨款比例
		A_2：年度非拨款收入占总预算总收入比例
		A_3：年度公用经费占预算支出比例
		A_4：固定资产采购支出比率
	B 客户维度	B_1：在校生评教满意率
		B_2：家长满意度
		B_3：毕业生就业率
		B_4：用人单位满意率
		B_5：科研成果技术转移率
		B_6：政府部门满意率
	C 内部运营维度	C_1：人员经费支出比率
		C_2：省级以上教学技能大赛获奖
		C_3：教师对教学服务满意率
		C_4：学生对教学服务满意率
	D 学习与创新维度	D_1：教师博士学位比重
		D_2：重点学科数量占总学科数量比例
		D_3：发表高水平论文数量占总论文数量比例
		D_4：国家级课题立项占课题立项总数比例

表 7-1 中，A 财务维度，体现高校所取得各项经费收入和支出情况，主

要涉及 4 项关键指标；B 客户维度，从学生、家长、用人单位、社会和政府对学校的教学、社会贡献等方面，选取了 6 项关键指标；C 内部运营维度，侧重于教师的培训和校内行政服务水平，选取了 4 项关键指标；D 学习与创新维度，针对双一流等建设目标，选取了 4 项关键指标。

（2）计算绩效评价指标权重。

关键指标确定后，发放第二份调查问卷计算权重。分别向财务处、教务处、学生处、院系办公室、教师、在校学生、家长、用人单位等相关人员或专家发放 160 份问卷，对同一领域层所属的各个具体指标进行两两比较重要性。由于采用实地走访的方式，收回了全部问卷，最终对问卷结果的重要程度进行模糊处理，将比较后的重要程度按照 T. L. Saaty 的 1—9 级标度和满足条件，对各指标的重要性程度赋值，利用 AHP 软件构造判断矩阵。当 $CR < 0.1$ 时，表示通过一致性检验，即逻辑上不存在矛盾。领域层构建矩阵见表 7 - 2（W 为各指标的权重向量）。

表 7 - 2　　　　　　领域层判断矩阵及其权重

领域层	A	B	C	D	W
A	1	1/2	2	1/2	0.195
B		1	2	2	0.391
C			1	1/2	0.138
D				1	0.276

表 7 - 2 的矩阵结果中 $CR = 0.091 < 0.1$，通过了一致性检验。

同理，通过 AHP 软件，构造每个维度下具体指标两两比较的判断矩阵见表 7 - 3、表 7 - 4、表 7 - 5 和表 7 - 6。

表 7 - 3　　　　　　财务维度指标层判断矩阵及其权重

指标层	A_1	A_2	A_3	A_4	W
A_1	1	1/2	1/2	1/2	0.135
A_2		1	3	2	0.423
A_3			1	1/2	0.172
A_4				1	0.270

表 7 - 3 的矩阵结果中 $CR = 0.053 < 0.1$，通过了一致性检验。

表7-4　　　　　　　客户维度指标层判断矩阵及其权重

指标层	B_1	B_2	B_3	B_4	B_5	B_6	W
B_1	1	7	2	3	3	8	0.391
B_2		1	1/2	1/3	1/5	1/2	0.045
B_3			1	1/3	1/5	2	0.088
B_4				1	3	6	0.240
B_5					1	4	0.184
B_6						1	0.051

表7-4的矩阵结果中 $CR=0.096<0.1$，通过了一致性检验。

表7-5　　　　　　内部运营维度指标层判断矩阵及其权重

指标层	C_1	C_2	C_3	C_4	W
C_1	1	7	2	3	0.512
C_2		1	1/2	1/3	0.079
C_3			1	2	0.239
C_4				1	0.169

表7-5的矩阵结果中 $CR=0.039<0.1$，通过了一致性检验。

表7-6　　　　　　学习与创新维度指标层判断矩阵及其权重

指标层	D_1	D_2	D_3	D_4	W
D_1	1	1/2	2	1/2	0.195
D_2		1	2	2	0.391
D_3			1	1/2	0.138
D_4				1	0.276

表7-6的矩阵结果中 $CR=0.080<0.1$，通过了一致性检验。

各维度指标层都通过了一致性检验，层次总排序 $CR=0.078<0.1$，也通过一致性检验。最终将判断的结果单层权重及层次总排序权重列为表7-7。

表 7-7　　　　　　　H 高校绩效评价指标层次权重

目标层	领域层	单层权重	指标层	单层权重	总层次权重
高校绩效评价指标权重	A	0.195	A_1	0.135	0.026
			A_2	0.423	0.083
			A_3	0.172	0.034
			A_4	0.270	0.053
	B	0.391	B_1	0.391	0.153
			B_2	0.045	0.018
			B_3	0.088	0.034
			B_4	0.240	0.094
			B_5	0.184	0.072
			B_6	0.051	0.020
	C	0.138	C_1	0.512	0.071
			C_2	0.079	0.011
			C_3	0.239	0.033
			C_4	0.169	0.023
	D	0.276	D_1	0.295	0.082
			D_2	0.417	0.115
			D_3	0.133	0.037
			D_4	0.154	0.043
合计		1			1

综上，将 H 高校绩效评价指标根据平衡记分卡的 4 个维度设计了 18 个指标，单层次和总层次评价指标均通过了一致性检验。从权重计算结果看，首先，领域层 4 个维度中客户维度的权重最高，达到 0.391，说明教育行业中学生、家长、用人单位、社会和政府的满意更为重要，明显不同于营利组织的财务维度为主。其次，是学习与创新维度，权重为 0.276，说明地方高校的主要职能是培养人才、科研创新，符合高校职能要求。从各维度单层指标权重看，客户维度的在校生评教满意率居首，高校的首要职责还是应该放在教学上，学生的满意率会激励教师的教学投入，进入良性循环；学习与创新维度，对重点学科数量和博士人才的重视反映当前地方高校对科研及其人才较为重视；财务维度中年度非拨款收入占总预算总收入的比例权重最高，说明地方高校注重自我创造价值和收入；内部运营维度的人员经费支出最受重视，说明高校注重师

资力量的培训,旨在提升教学与科研水平。

(3) 确定综合绩效评价得分等级。

将指标层的每项指标分为五个等级,分别是Ⅰ级、Ⅱ级、Ⅲ级、Ⅳ级和Ⅴ级,与绩效综合评价等级标准表相对应,并描述出每个等级的含义,见表7-8。

表7-8 绩效综合评价等级标准表

绩效等级	等级含义	分值区间	等级描述
Ⅰ级	优秀	90分以上	达到或超过绩效目标,绩效显著
Ⅱ级	良好	80-90分	基本完成绩效目标,绩效良好
Ⅲ级	中	70-80分	部分完成绩效目标,绩效一般
Ⅳ级	合格	60-70分	部分完成绩效目标,但绩效不明显
Ⅴ级	不合格	60分以下	均未完成所有绩效目标,未体现绩效

每一等级区间取值根据具体情况、行业标准及专家意见确定,共同构成每个指标总的取值范围。根据H高校2016年度公开的工作报告、毕业生跟踪质量报告等数据,直接获取或经过计算得到每个指标的实际值,详见表7-9。

表7-9 绩效指标评价等级与对象取值表

绩效指标	绩效指标评价等级(经典域)					取值范围(节域)	实际值
	Ⅰ级	Ⅱ级	Ⅲ级	Ⅳ级	Ⅴ级		
A_1	70—80	50—70	30—50	10—30	0—10	0—80	65
A_2	10—15	5—10	3—5	1—3	0—1	0—15	8
A_3	0—10	10—20	20—30	30—40	40—50	0—50	8
A_4	40—100	30—40	20—30	10—20	0—10	0—100	42.31
B_1	90—100	80—90	60—80	30—60	0—30	0—100	96.54
B_2	90—100	70—90	50—70	30—50	0—30	0—100	76.4
B_3	90—100	70—90	50—70	30—50	0—30	0—100	90.16
B_4	90—100	70—90	50—70	30—50	0—30	0—100	82.77
B_5	20—100	15—20	10—15	5—10	0—5	0—100	13.33
B_6	90—100	70—90	50—70	30—50	0—30	0—100	90.14
C_1	50—100	40—50	30—40	20—30	0—20	0—100	56
C_2	30—40	20—30	10—20	2—10	0—2	0—40	25
C_3	90—100	70—90	50—70	30—50	0—30	0—100	90.2

续表

绩效指标	绩效指标评价等级（经典域）					取值范围（节域）	实际值
	Ⅰ级	Ⅱ级	Ⅲ级	Ⅳ级	Ⅴ级		
C_4	90—100	70—90	50—70	30—50	0—30	0—100	86.4
D_1	50—100	30—50	20—30	10—20	0—10	0—100	44
D_2	20—100	15—20	10—15	5—10	0—5	0—100	19.14
D_3	20—100	15—20	10—15	5—10	0—5	0—100	13.16
D_4	20—100	10—20	5—10	1—5	0—1	0—100	14.66

将表7-9经典域矩阵和节域矩阵数值范围与指标实际值代入公式（7.5）和公式（7.6），利用 Excel 表计算公式（7.4）的 $K_j(X_i)$，从而得出每个指标的各个等级的关联函数值，见表7-10。

表7-10 绩效指标对应等级关联函数值

绩效指标	绩效指标评价等级关联函数值				
	Ⅰ级	Ⅱ级	Ⅲ级	Ⅳ级	Ⅴ级
A_1	-0.25	0.5	-0.5	-0.7	-0.78571
A_2	-0.22222	0.4	-0.3	-0.41667	-0.5
A_3	0.333333	-0.2	-0.6	-0.73333	-0.8
A_4	0.05775	-0.05177	-0.22538	-0.34525	-0.43299
B_1	0.137755	-0.108	-0.777	-0.8885	-0.94425
B_2	-0.37245	0.28125	-0.18	-0.508	-0.64857
B_3	0.016529	-0.016	-0.672	-0.8032	-0.85943
B_4	-0.29558	0.723	-0.42567	-0.6554	-0.75386
B_5	-0.3335	-0.11133	0.143225	-0.19988	-0.38458
B_6	0.014403	-0.014	-0.67133	-0.8028	-0.85914
C_1	0.157895	-0.12	-0.26667	-0.37143	-0.45
C_2	-0.25	0.5	-0.25	-0.25	-0.60526
C_3	0.020833	-0.02	-0.67333	-0.804	-0.86
C_4	-0.2093	0.36	-0.54667	-0.728	-0.80571
D_1	-0.12	0.157895	-0.24138	-0.35294	-0.4359
D_2	-0.043	0.047046	-0.17784	-0.3232	-0.42488
D_3	-0.342	-0.12267	0.162544	-0.19363	-0.38274
D_4	-0.267	0.466	-0.2412	-0.3972	-0.48234

将表 7-10 的关联函数值与表 7-7 的绩效评价指标层次权重相结合，代入公式 (7.7)，利用 Excel 表计算得出每一维度下指标层的综合关联度和维度领域层的综合关联度，见表 7-11。

表 7-11　　指标各领域层关联度值及其综合评级结果

领域层	指标各领域层关联度值					绩效等级
	I 级	II 级	III 级	IV 级	V 级	
A	-0.05482	0.188322	-0.35845	-0.4901	-0.57208	II 级
B	-0.09301	0.121341	-0.48109	-0.67596	-0.76952	II 级
C	0.029949	0.03484	-0.38536	-0.49617	-0.58896	II 级
D	-0.11442	0.082318	-0.15345	-0.31191	-0.41532	II 级
综合关联度	-0.07451	0.111695	-0.35353	-0.51443	-0.60834	II 级

通过表 7-11 可以得到最终的绩效等级为 II 级，表明 H 高校绩效评价结果等级为良好，基本完成绩效目标。在 II 级所在关联度中，不仅每一维度领域层的取值均为最大值，而且 4 个维度的关联度也为最大值，说明作为地方高校在财务维度、客户维度、内部运营维度和学习与创新维度均基本完成了绩效目标任务，绩效良好，但是经过努力，还可以进一步改善，提升绩效水平。

综上，通过建立物元综合绩效评价模型，运用平衡记分卡选取维度，确定每个维度下的关键指标，利用层次分析法测算各层维度、指标的权重，每个步骤结合物元分析法计算出关联度，对应等级标准，量化得出预算单位的综合绩效等级。利用 AHP 软件和 Excel 表计算，操作简便，结果明确。需要指出的是，不同组织，其指标选取和权重结果不同；同一组织，在不同的发展阶段指标选取随之动态变化，无论何种情况，绩效评价方法是可循的。规范绩效评价具体方法和简化操作，将有利于绩效评价的顺利实施。

7.2.6　落实绩效评价结果应用倒逼机制

绩效管理的效率取决于绩效管理的约束力，这种约束力应通过建立科学的绩效评价结果反馈机制来实现。[①] 绩效目标是期望值，监测到的数据是实际值，对监测数据的分析是将期望值和实际值进行对比，及时了解目标完成程度，以便发现问题，总结经验和教训，并提出相应的政策建议，形成绩效报

[①] 乔宝云. 绩效预算改革与现代国家治理研究 [J]. 中国财政, 2018 (7)：38-40.

告。绩效评价作为预算绩效管理的核心环节，它是决定改革成败的关键因素，绩效评价结果应用是将评价结果的建议付诸实践，并真正成为政府决策及其管理的依据。

1. 绩效评价结果公开

预算绩效评价结果公开发布是预算绩效管理的重要方面，公开就是透明，主动接受各方的监督，勇于正视自身存在的问题，敢于承受外界评议压力。目前，预算绩效评价结果报告主要为预算使用部门（单位）改进自身管理或决策而服务，除了按要求向上级报送之外，还尚未真正做到全部主动对外公开，受益对象和社会公众对政府绩效的表现也无法全面了解。

绩效评价结果公开的途径应该多样化。结果报告正式对外公开之前，要先反馈给受评对象，如果存在异议，应及时沟通，提请复议。若无异议，除涉密部门或项目外，强制性规定所有绩效评价报告必须对社会公开发布，主要通过以下三种方式：第一，向各级人大报告。财政部门负责报告绩效自评、重点评价和第三方评价，审计部门负责报告审查预算执行情况和各主体绩效评价执行情况。第二，除保密部门和项目外，报告通过政府门户网站对社会公众主动公开，扩大社会监督范围，保证公众的知情权和监督权，充分体现新时代以民为本的公共价值。第三，在政协领导下，成立预算绩效评价听证会，接受各党派民主人士监督，提高参政议政的积极性。在现阶段，可以在考虑政府部门（单位）和审计部门每年向人大提交的决算报告和审计报告中列出清晰的绩效评价信息，这些决算报告和审计报告在政府门户网站上完整公开，接受各方监督。

绩效评价结果公开的内容应体现有用性。政府预算绩效评价结果的报告就是评价意见，可以按照完成情况进行综合打分评级。这份意见不仅包括指标数据说明，还要对绩效变化情况以及偏离绩效目标的原因进行科学分析，总结经验教训，并结合实地评价工作提出改进的建议。对项目来说，还要着重提出对专项资金整合或调整以及优化资金投入领域、使用方式、项目安排等方面的建议。总之，它应是一份多元评价主体报告汇总而成的综合性报告，由财政部门上级或同级重点抽评，预算部门自评，审计部门、监管部门和第三方等评价主体经汇总得出，且不同评价主体的评价意见应被赋予不同的权重，其中外部评价的权重应该略高于自我评价，以激发本部门单位主动聘请第三方、社会公众等外部力量参与。

2. 绩效评价结果应用

绩效评价的最终价值在于其结果的应用，应用的目的不在考核本身，而在绩效的改善。若评价结果被束之高阁，那之前的绩效管理所付出的所有努力将付之东流，不但没有用绩效去提升预算使用效率，反而又带来一重预算资金的浪费，使绩效评价失去意义。在制度安排上，要加强绩效评价结果应用的管理办法，对结果运用的目的、范围、程序、权限做出具体指导和规范，使绩效信息真正地应用到预算管理中去。

报告结果的应用涉及谁来用、怎么用的问题，并呈报给利益相关者。首先，要保证报告结果所反映事实的可靠性，并正式引入复议制度，给予复议的权利。如果受评对象对评价结果有不认可、不合理之处，可以向上级提出申诉意见，维护自身权益。上级组织专员进行调查核实后，再审视报告的可靠性看是否需要做出修改。其次，报告上呈给预算拨付部门，预算拨付部门依据结果判断受评部门单位执行预算的效果，可以对下年度的预算进行必要调整。最后，上报人事主管部门和组织部，结合人事绩效问责，对人员业绩进行综合考评。

在结果应用上，绩效评价结果与预算拨付不适宜直接挂钩。Lu、Willoughby（2015）发现，在美国，虽然法律要求可能会增加绩效衡量标准的产生，但并不一定导致预算拨款与绩效结果挂钩[①]。预算决定原则在中国比较复杂，不能靠绩效评价结果把控下一年度的预算支出，否则，绩效结果可能被人为操纵而成为争夺有限资源的一种新手段。当然，如果绩效分析表明，缺乏绩效在某种程度上恰恰是由于缺乏资金安排，那样对绩效表现不佳的项目或部门继续增加预算安排也是合情合理的。当前，绩效评价的结果普遍被作为预算批准时的重要参考依据，至于重要程度占比有多大，至今尚无定论，主要还是依靠各级政府对其全面认知和利用的程度。目前，中国的绩效评价标准要求参差不齐，评价结果得分较高也不完全代表财政资金使用效率和公共服务水平高，更多反映的是公务人员的努力和能力，应侧重对人员的问责和激励。所以，综合考虑，评价结果应主要应用在完善政府管理、支持政府决策，依据结果进行绩效问责、人员考核晋升及其绩效薪酬等方面，将工作业绩与个人利益相挂钩，使激励与问责并存。

---

① Elaine Yi Lu, Katherine Willoughby. Performance budgeting in American States: a framework of integrating performance with budgeting [J]. International Journal of Public Administration, 2015, 38 (8): 1-11.

7.3 全面提升预算绩效管理的技术保障

预算绩效管理是一项复杂的系统工程。全面实施预算绩效管理，不仅要从实施机制上下功夫，还需要完善的技术保障做强力支撑，建议从以下三个方面考虑。

7.3.1 加大绩效分析专业人才的培养

对绩效分析专业人才的培养，应强化绩效理念，做到熟悉政策、掌握方法，增强推进改革的自觉性和主动性。绩效分析专业人才应该包括两部分：一部分是政府内部绩效分析人员，另一部分是政府外部绩效分析人员。

政府内部绩效分析人员，可以从政府会计核算部门人员中选择。主要基于以下两个方面的考虑：一方面是节约人力。充分利用政府财务会计和预算会计的基本信息，应用于部门和单位的预算管理，将预算投入与成果产出进行对比，准确测量绩效目标的完成程度。这种人力资源的整合表面上看似增加会计核算人员的工作量，但是随着会计信息系统的技术支持力度加大，可以将节约出来的人力转向对预算资金使用绩效的分析。另一方面是专业性强。会计从业人员一般符合专业胜任能力的要求，取得相应的专业技术证书，财政部门对人员管理和培训比较严格、规范，每年必须参加继续教育。会计专业技术人员对绩效指标和绩效方法的理解和掌握更加容易。可以考虑将今后的证书考试和教育培训加入绩效管理的内容，使之成为必备知识。编写和印发学习手册，例如预算绩效管理环节操作手册或项目评价案例汇编等，组织各层次的管理培训，系统学习绩效管理理念和方法，熟练掌握软件系统的操作和填报，并纳入继续教育内容，支持政府内部预算绩效管理工作的开展。

政府外部绩效分析人员，主要是指第三方。第三方不仅包括会计、评估等营利性中介机构，还包括科研院所、高校以及专家等。中国财政部的部署事业单位中，存在会计协会、评估协会等多家全国性的非营利性社会组织，通过制定行业协会章程，依法对中介机构组织及其人员进行自律性管理。例如，对从业人员进行继续教育、资格和职称等系列考核，约束执业行为，教育引导从业人员严格遵守评估工作纪律，保持较高的执业素养水平，同时还接受财政部的业务指导和监督管理。目前，中国注册会计师协会已经开始注重培养公共注册会计师，以应对政府部门和单位越来越多地对中介机构参与预算绩效管理的需求。而科研院所、高校等是新兴的第三方评估机构，与营利性的中介机构不同，更多的承担的是一种政治任务，受托或自行承担各类政府部门或项目绩效评估的工作量也日益增多，但尚未被纳入任何组织中进行管理，评估人员的业务水平参差不齐，专业胜任能力受到了质疑。因此，应该建立全国性的社会组织，进行统一管理，做好绩效管理人员的培训和管理。考虑到更好地发挥组织的独立性，建议社会组织隶属于立法机关，即人大财经委，建立从国家到地方的领导组织体系。立法机关代表人民，体现人民委托监督权力的实行，更能体现立法机构的监督职能。组织的职能主要包括对评估的评价、评价的人员资质培训和认定、组织的管理、监督和评价过程中违法违规责任的追究等。这样一来，建立隶属于人大的管理组织，加快培养政府外部绩效专业人才。

7.3.2 建立智能绩效信息分析技术平台

在大数据时代的背景下，国家治理体系和治理能力现代化与信息化是密不可分的，尤其是信息化，使得国家治理多元化成为现实。政府预算绩效管理与现代化信息技术辅助相结合，政府信息数据的开放和共享助推绩效管理工作，向公众和利益相关者展示绩效目标的完成和运行情况，保证绩效信息反馈的客观性、安全性和及时性。例如，河北省开发了预算信息管理系统，搭建网络化、一体化、高效化电子业务平台，涵盖预算基础资料、预算项目库、预算编审、指标管理、预算执行、绩效评价等预算管理的全过程。财政部门、预算部门和单位在同一套系统下的业务协同处理，实现预算项目按照绩效预算管理要求编报和审核，实现人员信息的共享共用，实现部门预算的网上编审，并与现有指标管理系统进行对接。

建立人工智能绩效信息技术分析平台，一方面，可以在现有的财政管理信息系统中嵌入绩效管理模块，绩效管理与预算编制、预算执行、预算监督进行融合，将绩效指标和绩效方法导入绩效管理模块，开发人工智能绩效评价系统，设置绩效评价方法，即使不懂绩效方法的部门或单位人员也可以操作，进行绩效分析，减轻人工绩效分析的工作量，提高工作效率。另一方面，创建新的绩效信息技术分析平台，包括政务信息公开平台、绩效数据监控平台、公众网络评审平台和绩效评审信息公开平台。除了保密事项外，向社会开放政府财政数据，便于绩效数据采集、公众评审、数据统计分析，将绩效评审结果全部公开，及时将意见反馈给部门和单位；数据上传和采集信息，全程由系统控制设置，避免了人为干扰因素；不受空间和时间的限制，宣传到位，使数据采集对象了解绩效评价的重要性，敢于参与评价；做好保密措施，对受访对象的问卷和个人基本信息严格保密；以数据平台为基础，各级财政部门建立动态的绩效评审数据库，并及时更新各预算部门、单位和项目开展的评审相关信息。通过技术分析平台，精确掌握整体支出的绩效表现以及国家政策、项目和预算的执行情况，便于开展横向和纵向绩效信息的比较，为决策提供信息支持。

7.3.3 开发绩效信息资源对接系统

政府会计信息为绩效评价提供可靠的数据支持，政府绩效评价信息质量在很大程度上取决于政府会计信息的准确提供。将政府会计及其综合财务报告信息与预算绩效管理系统对接，开发信息资源共享系统，提高绩效与预算的结合程度，可以为形成完整的预算绩效分析提供数据源。

将政府会计信息系统和预算管理信息系统对接，进行信息共享，一方面，在政府会计信息生产过程中以绩效需求为导向，有针对性地进行会计系统的完善。另一方面，在预算绩效管理系统中引入政府会计信息数据，明确投入和产出的关系，便于财务绩效指标的考量和把握部门单位整体支出的绩效水平。政府会计信息本身也是一种绩效信息，预算绩效管理离不开政府会计信息的支持。发达国家的政府会计制度的改革一直追随着绩效预算改革，逐步建立了权责发生制的财务报告体系，但是到目前为止，仍未将政府会计信息系统与绩效预算相对接，政府会计对绩效预算发挥的作用十分有限。随着中国行政事业单位开始统一执行政府会计制度准则，政府会计信息口径逐渐统一，可尝试先从某一绩效环节开始，探索开发财务核算信息与绩效信息对接系统，向预算绩效管理提供资产、负债、成本等量化信息，共享数据，便于专业技术人员进行绩效分析。

7.4 本章小结

通过对现有预算绩效管理执行情况评价后，针对问题，本章提出了全面实施预算绩效管理的制度优化和保障措施。现阶段，选择以政府为主导、多元化评价主体并存的政府预算绩效管理模式最为适宜，依靠执政党和政府强有力的执行力，由上到下推行预算绩效管理机制。宏观上，由人大出台专门的政府预算绩效评价制度，进行顶层设计，重新界定多元化评价主体的职责，明确分工，协同合作又相互制约。微观上，规范评价的各环节要素具体操作以及保障措施。中国有五级政府，县级和乡镇政府是政策最直接的执行层，在国家顶层制度设计下，无论是原则指导，还是方法的选择，应切实考虑实际情况，使之更易于操作，对部门或单位的整体支出可考虑采用物元综合绩效评价模型，多维度评价预算资金的使用效益，减少随意性带来的道德风险和逆向选择，规范指导基层公务人员贯彻上级政府全面实施绩效预算管理的战略。通过对制度中正式规范和实施机制的设计，将绩效理念和具体管理方法融入绩效评价的各个要素环节中，进行积极探索。同时，加大专业人才的选拔和培养，引入信息化技术支撑。

附录1　筛选出的22个政策文本信息汇总表

省（市、自治区）	年份	发文部门	文　号	文本名称
安徽省	2011	人民政府	皖政〔2011〕115号	《安徽省人民政府关于全面推进预算绩效管理的意见》
北京市	2011	人民政府	京政办发〔2011〕53号	《北京市人民政府办公厅关于推进本市预算绩效管理的意见》
福建省	2013	人民政府	闽政办〔2013〕82号	《福建省人民政府办公厅转发省财政厅关于全面推进预算绩效管理意见的通知》
甘肃省	2011	人民政府	甘政办发〔2011〕219号	《甘肃省人民政府办公厅转发省财政厅关于甘肃省预算绩效管理实施意见的通知》
海南省	2011	人民政府	琼府办〔2011〕184号	《海南省人民政府办公厅关于推进预算绩效管理的实施意见》
河北省	2014	人民政府	冀政〔2014〕76号	《河北省人民政府关于深化绩效预算管理改革的意见》
黑龙江省	2013	人大常委会	无文号	《黑龙江省人大常委会关于加强预算绩效监督的决定》
湖北省	2013	人民政府	鄂政发〔2013〕9号	《湖北省人民政府关于推进预算绩效管理的意见》
湖南省	2012	人民政府	湘政发〔2012〕33号	《湖南省人民政府关于全面推进预算绩效管理的意见》
吉林省	2016	财政厅	吉财预〔2016〕618号	《吉林省预算绩效管理办法》
吉林省	2015	人民政府	吉政发〔2015〕8号	《吉林省人民政府关于深化预算管理制度改革的实施意见》
江西省	2013	人民政府	赣府发〔2013〕8号	《江西省人民政府关于全面推进预算绩效管理的实施意见》
辽宁省	2011	人民政府	辽政办发〔2011〕50号	《辽宁省人民政府办公厅转发省财政厅关于加强预算绩效管理指导意见的通知》

续表

省（市、自治区）	年份	发文部门	文　号	文本名称
青海省	2011	人民政府	青政〔2011〕43号	《青海省人民政府关于建立财政预算管理综合绩效考评机制的指导意见》
山东省	2013	财政厅	鲁财预〔2013〕86号	《关于全面推进预算绩效管理的意见》
山西省	2014	财政厅	晋财资〔2014〕36号	《山西省预算绩效评价管理办法》
山西省	2013	人民政府	晋政办发〔2013〕80号	《山西省人民政府办公厅关于全面推进我省预算绩效管理的指导意见》
上海市	2013	人民政府	沪府办发〔2013〕55号	《上海市人民政府办公厅转发市财政局关于全面推进预算绩效管理意见的通知》
天津市	2011	人民政府	津政办发〔2011〕109号	《转发市财政局关于推进我市预算绩效管理工作指导意见的通知》
西藏自治区	2017	财政厅	藏财预字〔2017〕75号	《西藏自治区财政支出预算绩效管理暂行办法》
云南省	2015	财政厅	云财预〔2015〕295号	《云南省财政厅关于印发〈云南省省级财政预算绩效管理暂行办法〉的通知》
浙江省	2012	人民政府	浙政发〔2012〕44号	《浙江人民政府关于全面推进预算绩效管理的意见》

附录2　实施预算绩效管理的调查问卷

一、问卷说明

1. 本次调查目的是了解预算绩效管理政策实施情况、查找不足并提出宝贵建议。您的真实意见将会为地方预算绩效管理发展提供动力和方向。

2. 我们保证问卷保密，包括您的直属领导在内都不会看到您的作答，仅供学术研究。

3. 答案无对错，选择最能表达您真实看法的选项即可。若您愿意和我们分享您的其他看法，可以在"其他意见"中填写。

二、受访者基本信息

1. 您所在部门（或单位）的级别是？
□中央　□省级　□市级　□县级　□乡镇　□村级

2. 您获得的最后学历？
□博士　□硕士　□本科　□大专　□高中　□初中及以下

3. 您是否具有经济、管理等相关专业的学习背景？
□有　□没有

4. 您从事现职时间有多长时间？
□1年之内　□1至3年　□3—5年　□5年以上

三、关于预算绩效管理政策的学习

1. 您所在部门（单位）是否印发过预算绩效管理相关的政策文件？
□印发过　□没印发过

2. 您所在部门（单位）组织学习预算绩效管理政策文件吗？
□经常　□偶尔　□不组织

3. 您总体上是否认同这些政策文件的可行性？
□非常可行　□一般可行　□不太可行　□不可行

四、关于您所在部门（单位）对预算绩效管理使用的过程

1. 对重大政策和项目是否开展了事前绩效评估：
□全部（100%）　□大部分（50%—100%）　□少部分（1%—49%）
□没有

2. 在预算编制阶段，同时编制绩效目标的范围：
□全部　□大部分　□少部分　□没有

3. 报送的绩效目标具体量化程度：
□全部　□大部分　□少部分　□没有

4. 申请预算时参考绩效目标的程度：
□全部　□大部分　□少部分　□没有

5. 对预算执行的同时进行绩效监控：
□全部　□大部分　□少部分　□没有

6. 在预算的评审阶段，进行自我绩效评价：
□全部　□大部分　□少部分　□没有

7. 在预算的评审阶段，进行外部绩效评价：
□全部　□大部分　□少部分　□没有

8. 绩效评价结果报告对外公开程度：
□全部　□大部分　□少部分　□没有

9. 绩效指标的主要来源：
□与上级共同协商　□上级确定　□本部门（单位）确定
□绩效目标计划　□绩效指标库
□其他（可填"不知道"或其他来源）_____

10. 采用的绩效评价方法：
□成本效益法　□比较法　□因素分析法　□公众评判法　□标杆管理法
□其他（可填"不知道"或其他方法）_____

11. 绩效评价结果应用于：
□奖励（晋升、物质奖励等）
□问责（处分、罚款等）
□申请下期预算的依据
□其他（可填"不知道"或其他应用）_____

12. 对绩效报告信息的信任度：

□非常信任　□一般信任　□不太信任　□不信任

13. 您所在部门（单位）在实行预算绩效管理后，申报的预算数额是否有所减少？

□是　□否

14. 您所在部门（单位）实行预算绩效管理后，预算闲置金额是否有所增加？

□是　□否

15. 您所在部门（单位）实行预算绩效管理后，预算执行进度是否有所加快？

□是　□否

五、关于预算绩效管理在您所在部门（单位）的使用范围

1. 对重大项目进行绩效评价了吗？

□有　□没有

2. 对本部门（单位）的整体进行绩效评价了吗？

□有　□没有

3. 对一般公共预算支出进行绩效评价了吗？

□有　□没有

4. 对政府性基金预算支出进行绩效评价了吗？

□有　□没有

5. 对国有资本经营预算支出进行绩效评价了吗？

□有　□没有

6. 对社会保险基金预算支出进行绩效评价了吗？

□有　□没有

六、您的总体认知

1. 实施预算绩效管理后，是否感觉公众满意度正在提高？

□有　□没有

2. 实施预算绩效管理后，预算编制、执行和评审更规范了？

□有　□没有

3. 您的工作量在实行预算绩效管理是否显著增加了？

□有　□没有

4. 预算绩效管理是否增加了部门（单位）的内部冲突和矛盾？
□有　□没有

5. 您认为影响预算绩效管理政策执行效果的主要因素：

□相关法律法规滞后，缺少法律依据

□政策操作性不强，难以落地

□思想不重视，执行力度不足

□地方缺乏配套细则

□缺乏专业绩效信息分析人员

□绩效信息失真

□其他_____

附录3 对第三方机构工作质量评价的问卷分析

一、调查对象与问卷设计

自 2016 年年底开始，河北省扶贫办引入第三方评估机构对全省贫困县、贫困村和贫困户进行脱贫成效考核，省内有 4 所高等院校中标，承接了考核任务。本书作者作为第三方机构的评估人员连续多年多次参与其中，与县级、乡镇的扶贫干部和村干部进行工作对接，与扶贫干部就相关实际问题进行了积极交流，为问卷设计提供了一定的思路。问卷以接受过第三方机构评估的河北省张家口、保定、承德和沧州等市级及其县级、乡镇的所在地扶贫干部和村干部（包括驻村干部）为主要调查对象，向被调查者发放问卷，使其对第三方机构和评估人员的工作质量进行评价。

问卷分为两个部分。第一个部分是被调查者对第三方机构的独立性、专业性、客观性和服务质量这四个维度的工作质量评价。第二部分是被调查者对第三方评估结果报告及其应用的意见反馈。问卷通过问卷星平台发放，问卷链接地址为 https：//www.wjx.cn/hj/xdmsq239eagea0qb1og.aspx。为保证问卷能得到真实意见，问卷发放避开了第三方机构实地评估和提交评估报告的期间，进行单独发放。问卷共收回 446 份，剔除无效问卷后为 409 份，有效率为 91.70%。问卷通过了 SPSS 的信度分析，数据信度质量高。

二、问卷数据统计分析

（一）维度调查分析

问卷主要从第三方机构在评估过程中表现的独立性、专业性、客观性和服务质量等四个维度，向参与过第三方评估工作的被调查者收集意见，每个维度的题目选项等级得分是：优秀（10 分）、良好（8 分）、合格（6 分）和不合格（0 分），10 分为满分。从统计结果看，总体得分均在良好以上，但是每个维度的分数差异反映了被调查者对第三方工作的意见和期望，如图 1 所示。

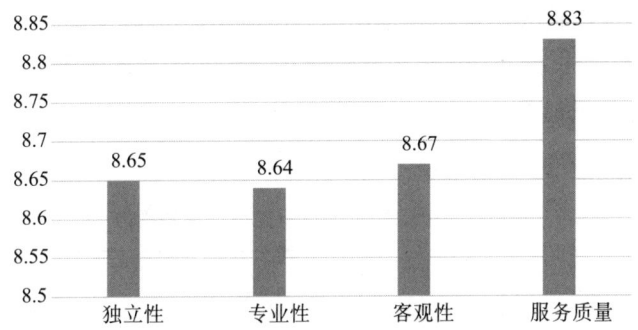

图 1　对第三方机构工作质量维度评价得分

从图 1 可以看出，这四个维度按平均得分从高到低依次为服务质量（8.83分）、客观性（8.67分）、独立性（8.65分）和专业性（8.64分），其中专业性评价得分最低，为 8.64 分，凸显被调查者对其关注度最高。下面就每个维度的题目选项进行具体分析。

1. 独立性

在独立性维度，设置了四个题目选项及其得分，详见表 1。大部分被调查者对第三方独立开展评估持肯定态度，各单项平均分数均在良好以上。"评估人员对问卷作答的相关信息保密性"项得分最高，说明评估人员严格按照纪律要求保守数据信息。而"评估人员避免了与干部非工作的接触"项得分最低，为 8.59 分。"评估人员在入户调查时让非受访者回避"项得分为 8.62 分，说明在问卷调查过程中仍有回避不足的现象存在，应加强评估过程的独立性，严格执行回避规定。

表 1　独立性维度的题目选项及其单项平均得分

维度	题目选项	单项平均分
独立性 （8.65）	1. 评估人员在入户调查时让非受访者回避	8.62
	2. 评估人员对问卷作答的相关信息保密性	8.74
	3. 评估人员避免了与干部非工作的接触	8.59
	4. 评估人员避免了非工作便利	8.66

2. 专业性

专业性在四个维度中得分最低，仅为 8.64，最受被调查者的关注。此维度设置了 5 个题目选项，各单项平均分数均在良好以上，详见表 2。但其中"评估人员对脱贫标准的评判口径与政策的一致性""评估人员对扶贫相关政策了解程度""评估人员入户访谈时间合理性"得分普遍较低,分别为 8.52 分、8.54 分和 8.57 分。这三项内容集中在信息采集过程中评估人员对扶贫政策的了解程度还不够深入,评判口径与政策存在一定的偏离以及在有限时间内能否反映真实问题的质疑,说明评估的专业性亟待提升。

表 2　　　　　　　专业性维度的题目选项及其单项平均得分

维度	题目选项	单项平均分
专业性 (8.64)	1. 评估人员对评估组织管理响应及时	8.90
	2. 评估人员对扶贫相关政策了解程度	8.54
	3. 评估人员入户访谈时间合理性	8.57
	4. 评估人员对脱贫标准的评判口径与政策的一致性	8.52
	5. 评估人员在调查中找干部或上级询问村、户具体情况	8.67

3. 客观性

客观性是如实反映脱贫效果,以保证评估结果的可靠性。在此维度中,设置了 5 个题目选项,内容和单项平均分详见表 3。总体上看,评估人员在信息采集过程中做到了如实反映,各单项平均分数均在良好以上,但单项"评估人员在调查中,采集数据的准确性"得分最低,为 8.53 分。可见,被调查者对数据采集准确性的关注度较高,担心"评不准",对评估的客观性提出更高的要求。

表 3　　　　　　　客观性维度的题目选项及其单项平均得分

维度	题目选项	单项平均分
客观性 (8.67)	1. 评估人员受到评估组织内部的监督	8.80
	2. 评估人员在调查中搜集的影像、文档等佐证材料充分性	8.67
	3. 评估人员在调查中,不偏不倚、公正地对待评估工作	8.67
	4. 评估人员在调查中实施复核	8.68
	5. 评估人员在调查中,采集数据的准确性	8.53

4. 服务质量

服务质量是第三方机构工作能力的重要体现,及时、高效的沟通可以推进第三方机构按时保质地完成评估工作。从表 4 的题目选项及其得分来看,服务质量维度在四个维度中的分最高,各选项得分也普遍高于其他维度,尤其是"评估人员对干部、群众的文明礼貌"成为所有维度中单项平均分的最高分,为 8.99 分。高校师生作为第三方评估组织人员，体现了较高的个人素质修养和政治觉悟。而"评估人员与干部、群众的沟通协调能力"得分最低，仅为 8.68 分，可能存在人员地域差别、政策理解等客观原因妨碍沟通，需要进行深刻反思。

表 4　　服务质量维度的题目选项及其单项平均得分

维度	题目选项	单项平均分
服务质量 （8.83）	1. 评估人员与干部、群众的沟通协调能力	8.68
	2. 评估人员对干部、群众的文明礼貌	8.99
	3. 评估人员按时保质完成评价工作	8.89
	4. 评价人员对待工作的责任心	8.90
	5. 您对第三方评估工作的总体满意度	8.70

从上述四个维度分析中，服务质量受到扶贫干部的广泛认可，单项的平均分也相对较高，但对政策的了解程度、数据的客观准确和工作的独立性仍需要进行认真剖析原因，继续改进。

（二）意见反馈分析

意见反馈调查主要了解被调查者对第三方评估报告的认可情况。第三方机构出具的绩效评估报告中，有 55.99% 的被调查者是非常认可的，36.19% 的被调查者是一般认可，6.85% 的被调查者是不太认可，只有约 0.97% 的被调查者是完全不认可，详见图 2。总的来看，绝大部分的被调查者对评估结果持认可态度，但是还需要从评估过程的规范角度继续提高评估结果的公信力和效用。

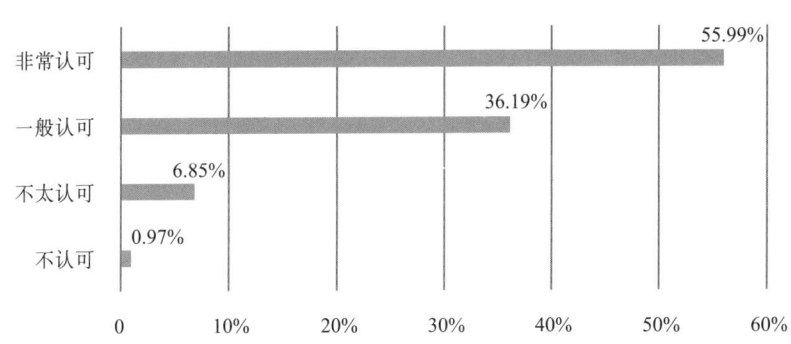

图 2　扶贫干部对第三方评估结果的认可度

政府委托第三方机构开展外部绩效评估，从推动本地域精准扶贫工作的作用来看，有 66.5% 的被调查者认为是非常有帮助的，22% 的被调查者是一般帮助，8.56%的被调查者是不太有帮助，仅2.94%的被调查者认为没有帮助，对比详见图3。以上说明第三方出具的评估报告对扶贫工作的帮助得到了多数被调查者的认可，能客观地发现问题，督促其工作的改进，第三方评估的作用得到真正显现。但仍有少部分被调查者并不认同对工作的帮助，存在质疑。

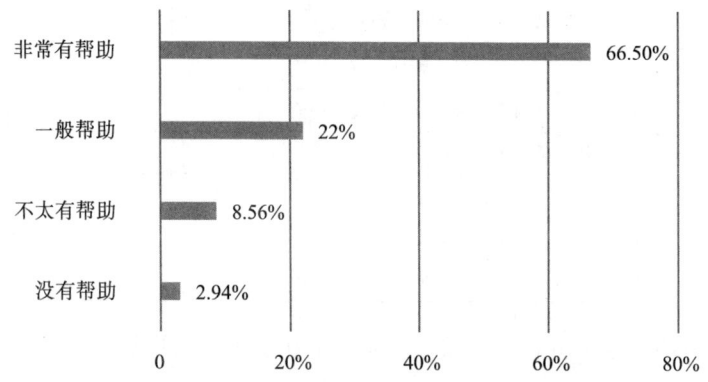

图3　第三方评估推动本地域扶贫工作的帮助程度

参考文献

［1］哈维·S. 罗森，特德·盖亚. 财政学［M］. 郭庆旺，赵志耘译. 北京：中国人民大学出版社，2009.

［2］柯武刚，史漫飞. 制度经济学：社会秩序与公共政策［M］. 北京：商务印书馆，2000.

［3］马蔡琛. 变革世界中的政府预算管理———一种利益相关方视角的考察［M］. 北京：中国社会科学出版社，2010.

［4］马国贤，任晓辉. 公共政策分析与评估［M］. 上海：复旦大学出版社，2012.

［5］胡奕明. 审计与政府绩效评价研究［M］. 上海：上海交通大学出版社，2012.

［6］财政部预算司. 中国预算绩效管理探索与实践［M］. 北京：经济科学出版社，2013.

［7］郑方辉，张兴. 中国政府绩效评价红皮书（2013）［M］. 北京：新华出版社，2014.

［8］王淑杰. 英国政府预算制度［M］. 北京：经济科学出版社，2014.

［9］王泽彩. 绩效：政府预算的起点与终点［M］. 北京：立信会计出版社，2016.

［10］肖鹏. 美国政府预算制度［M］. 北京：经济科学出版社，2017.

［11］伍彬. 政府绩效管理：理论与实践的双重变奏［M］. 北京：北京大学出版社，2017.

［12］马海涛，曹堂哲，王红梅. 预算绩效管理理论与实践［M］. 北京：中国财政经济出版社，2020.

［13］Elaine Yi Lu, Katherine Willoughby. Public performance budgeting: principles and practice［M］. Routledge，2018.